LE DÉVELOPPEMENT EN PRATIQUES : INVENTONS L'AVENIR

Opus 1

El Hadji Séga Guèye (Éd.)

Le développement en pratiques : inventons l'avenir

Opus 1

L'Harmattan

5-7, rue de l'École-Polytechnique ; 75005 Paris

http://www.librairieharmattan.com
diffusion.harmattan@wanadoo.fr
harmattan1@wanadoo.fr

ISBN : 978-2-296-99894-0
EAN : 9782296998940

SOMMAIRE

Introduction

Ces dernières années (2010-2015), des manifestations diverses ont été organisées un peu partout pour célébrer les cinquante ans d'indépendance politique de la plupart des États africains. Ce fut l'occasion de dresser des bilans, mais aussi de jeter les bases d'un futur dont les contours restent encore, hélas, relativement flous et incertains. Les défis à relever sont multiples alors que la situation, dans bien des endroits, n'est guère reluisante et n'offre que peu de raisons de se montrer optimiste.

En effet, les maux endémiques maintes fois dénoncés (taux de chômage élevés, paupérisation massive, insécurité alimentaire, crises énergétiques, raréfaction des ressources naturelles, maladies…) continuent de sévir. Les recettes de sortie de crise se succèdent, mais seul un nombre très faible d'entre elles semble être opérant. Les causes de cet état de fait sont nombreuses, et point n'est besoin de revenir ici là-dessus. Depuis trop longtemps, les analystes se sont davantage appliqués à décrire les maux chroniques dont souffrent les populations, à pointer du doigt des coupables, réels ou supposés, à parler de ce qui ne fonctionne pas, plutôt que de réfléchir sur de véritables pistes de solutions. C'est l'ambition que nous nous proposons de servir dans ce présent ouvrage.

Les auteurs qui ont participé à ce projet ont souhaité dépasser le stade des constats éculés pour se lancer dans l'exploration d'idées novatrices susceptibles, si elles sont reprises, développées, et surtout implémentées, d'amorcer des changements qualitatifs significatifs pour les populations en souffrance dans de nombreux pays en Afrique. Le hasard a voulu que les auteurs, pour ce premier opus, soient tous sénégalais. Nous espérons que l'initiative fera tache d'huile et que des contributeurs provenant d'autres pays rejoindront le projet pour nourrir le débat sur des pistes de solutions innovantes.

Dans les prochaines pages, les auteurs nous invitent à réinterroger les modèles de développement et de gestion des ressources au Sénégal, et ceci afin de mieux nous orienter vers des perspectives plus originales.

Cheikh Diallo, dans « *Mondialisation et mécanismes d'entretien du sous-développement : bonne gouvernance, participation et projets à la loupe* », investigue le rapport entre Mondialisation et mécanismes d'entretien du sous-développement. Il le fait sous l'angle particulier de la décentralisation politique et administrative avec l'objectif de développement local qui en est attendu. En effet, il considère que les politiques de décentralisation mises en place sont censées rapprocher les milieux de décision des populations. Autrement dit, l'objectif est de permettre l'émergence d'une forme de développement à taille humaine basée sur des règles éthiques et l'organisation efficace des potentialités locales. En ce sens, dit-il, on chercherait à permettre un déplacement des lieux de régulation du niveau étatique vers le local avec comme principe à respecter et à promouvoir la bonne gouvernance communément définie comme la gestion saine des affaires publiques dans l'intérêt de tous les acteurs. On semble, cependant, oublier que ce niveau micro de régulation est en relation avec des formes de régulation plus globales produites par le processus de mondialisation.

Aussi bien à l'échelle du fonctionnement des États que dans la structure et le fonctionnement des cités, ses effets se font ressentir avec notamment une métropolisation accrue qui touche à la structure même des sociétés concernées. De même, la mondialisation favorise l'émergence de nouveaux acteurs internationaux tels que les grandes ONG qui interviennent dans certains registres dévolus à l'État. Face à cette dynamique globalisante, que peuvent bien valoir les initiatives prises au niveau des territoires locaux ? Il expose des ébauches de réponses à cette question fondamentale.

Dans la même veine, Omar DIOP réinterroge la décentralisation « à la sénégalaise » et se demande si le quartier ne serait pas un échelon plus pertinent que la commune pour impulser les actions de développement. Dans « *Repenser la décentralisation dans son rapport au développement local : Pour une émergence politique du Quartier* » il indique que tous les analystes aujourd'hui s'accordent pour dire que les objectifs poursuivis à travers la mise en œuvre de la décentralisation au Sénégal n'ont pas été atteints. En sus des multiples raisons mises en avant pour expliquer cet échec, M. DIOP met en lumière une qui lui semble avoir été négligée ou ignorée, à savoir que les populations locales sont porteuses de dynamiques qui s'accommodent mal avec les cadres dans lesquels on veut les intégrer ainsi que les modalités selon lesquelles on veut les faire agir. Dans cette inadéquation, ce ne sont pas les dynamiques, valeurs et comportements des populations qu'il faut disqualifier, mais plutôt les cadres artificiels dans lesquels on veut les faire intervenir

Il soutient en effet l'idée selon laquelle le quartier est le niveau le plus pertinent pour impulser des actions de développement, et non la commune ou la région ou toute autre division territoriale. Le quartier, selon lui, présente une plus forte cohésion des habitants. Il existe une dimension presque de communauté, les habitants se connaissant quasiment tous les uns les autres, partageant un même cadre de vie, et confrontés aux mêmes défis. Un esprit de corps les traverse, et ils sont unis par des liens de solidarité qui sont utiles dans la perspective d'actions collectives pour améliorer leurs conditions d'existence. Le quartier lui apparaît comme le niveau où l'impact des actions entreprises est le plus visible et le plus facilement évaluable. En dernier, la forte identification des habitants à ce périmètre géographique, riche aussi de toute une histoire, fait que les actions à initier peuvent avoir davantage de chances, de succès.

Dans la perspective de la mise en œuvre de la décentralisation et de la poursuite de l'objectif de développement local, les populations qui ont été présentées, à juste titre, comme la pierre angulaire de la réforme, doivent, selon M. DIOP, regagner leurs lettres de noblesse. Si les autorités dirigeantes admettent aujourd'hui sans trop de difficultés qu'il reste beaucoup à faire pour leur participation dans les domaines politique et économique, elles se montrent plutôt dithyrambiques sur ce qu'elles nomment la société civile et ses engagements citoyens. Ce terme générique et fourre-tout (société civile) a constitué le principal élément d'aveuglement des politiques publiques, mettant davantage l'accent sur l'abstrait plutôt que le concret. Si l'on veut être efficace, la réalité des populations doit être saisie dans ses manifestations les plus palpables, et non à travers une conceptualisation abstraite, une nébuleuse dans laquelle, bien souvent, se joue le drame d'une « usurpation » de la légitimité populaire par des organisations qui s'en réclament, et qui en fait, ne sont bien souvent que des espaces investis par d'anciens hommes politiques ou assimilés, pour tirer des avantages qu'il n'est pas difficile d'imaginer.

La décentralisation, en plus des problématiques de participation des populations, pose aussi les questions de gestion des ressources naturelles. C'est ce que nous révèle Ndèye Fatou MAR. Dans sa contribution *« La gestion des ressources naturelles au Sénégal : entre décentralisation, approche intégrée et vulnérabilité des espaces fragiles.* », elle montre qu'au Sénégal, les ressources sont les apanages à la fois des acteurs locaux pour soutenir leur développement mais aussi des acteurs nationaux pour asseoir leur position stratégique. Situées dans des régions où le climat joue beaucoup sur leur fragilité, elles doivent faire face à des demandes variées et en nette croissance. Pour cela, les systèmes de gestion se multiplient et se développent mais ne donnent pas toujours des résultats satisfaisants. La recherche d'une gestion localisée mais informée apparaît comme une condition pour une meilleure utilisation des ressources. À partir de ce constat, elle propose une réflexion sur une gestion à la fois concertée mais également orientée vers la prise de conscience des risques qui planent sur les ressources naturelles avec l'amélioration des niveaux d'information. C'est une nouvelle conception d'une gestion qui intègre les risques dans les processus et qui se fait de façon informée. La gestion intégrée devrait s'appuyer sur la décentralisation pour inviter tous les acteurs à participer activement aux méthodes de production et de suivi d'informations de base concernant leurs localités. Ce sera une construction d'un système de gestion informée.

On ne peut épuiser la question des ressources naturelles, sans évoquer l'épineux problème des ressources énergétiques. Le Sénégal, étant un pays fortement dépendant de l'extérieur pour sa fourniture en énergie, se pose alors la question de la réduction de cette forme d'insécurité. El Hadji Séga GUÈYE nous propose une piste de solution pas tout à fait nouvelle, mais largement négligée jusqu'à être ignorée aujourd'hui par beaucoup de personnes : le charbon.

Dans *« L'énergie, moteur du développement économique : le charbon, une source d'énergie alternative au pétrole au Sénégal ? »,* il nous explique que beaucoup de pays développés continuent à utiliser le charbon pour résoudre leur problème énergétique. Cependant certains pays africains, malgré leur forte dépendance énergétique vis-à-vis de pays étrangers, ignorent encore l'apport du charbon alors que celui-ci occupe une place primordiale dans la production de l'électricité au niveau mondial. Il analyse les avantages considérables qu'un pays comme le Sénégal gagnerait en faisant le choix stratégique de l'utilisation du charbon, en dépit des interrogations que cela peut susciter relativement aux impacts environnementaux.

Enfin, revenant sur la question du rapport de l'Afrique à ce qu'on nomme le système-monde, Thierno Idrissa MBOW se penche sur le potentiel d'expériences originales africaines. Dans *« Humaniser le marché : Un pari sur l'économie confrérique »*, il nous explique que les crises cycliques endémiques que l'hégémonie néolibérale a pu générer au cours des deux siècles passés révèlent les échecs des théories socio-économiques produites jusque-là et nous amènent à investir, par le bas de l'infrastructure, les sentiers oubliés des penseurs officiels.

Dans sa contribution théorique tirée de l'expérience du terrain sénégalais, il examine les singularités du modèle économique confrérique qui peuvent être une réponse économique à la déshumanisation du marché. Ce système qui lui sert de cadre illustratif s'inscrit dans des réseaux ethnico-religieux ancrés au sein d'espaces interconnectés assurant la continuité du marché et de la civilisation.

L'économie confrérique, selon M. MBOW, dispose d'une structure de type communautaire et repose sur des pratiques complexes d'accumulation et de redistribution. La finalité de cette économie alter-capitaliste est de transformer la société de marché en orientant le dynamisme de ses actions vers la moralisation des rapports sociaux.

En somme, l'économie confrérique est un laboratoire d'idées et de pratiques développantes qui se situent aux confins de la tradition et de la modernité.

Ce que toutes ces contributions ont de commun, c'est la volonté affichée d'explorer des pistes de solutions, quitte à se tromper. Aucune prétention injustifiée dans cet ouvrage, seulement l'envie de contribuer à la construction d'une Afrique nouvelle, qui pense par elle-même, et qui essaie de construire son propre avenir, et non celui que d'autres veulent pour elle. Ce sera une longue lutte, mais la tâche est exaltante et vaut bien la peine que l'on s'y attelle, sans tarder.

MONDIALISATION ET MÉCANISMES D'ENTRETIEN DU SOUS-DÉVELOPPEMENT : BONNE GOUVERNANCE, PARTICIPATION ET PROJETS À LA LOUPE

Cheikh DIALLO[1]

Ce texte tente d'élucider les raisons pour lesquelles les pays en développement ne parviennent toujours pas à amorcer un décollage après plus d'un demi-siècle de politiques et de recettes de toutes sortes appliquées sur le terrain. À partir d'une analyse des effets de la mondialisation et de ses institutions sur le fonctionnement des États, le texte porte une critique objective qui remet en cause toutes ces visions du développement qui relèvent des paradigmes qu'on voudrait universels mais dont l'application sur le terrain montre que le développement ne se décrète pas. Il ne peut ressortir que d'un processus singulier. L'essai tente de démontrer les effets que la mondialisation et certains de ces « outils » produisent sur les différents échelons nationaux et locaux.

---

[1] Cheikh Diallo est Docteur en Anthropologie et Sociologie du Politique et du Développement de l'Université Paris 8. Il est titulaire d'un Master Science Droit et Science Politique de l'Université Lyon 3. Il mène ses travaux dans les domaines de la décentralisation, du développement local, de la vulnérabilité et de la résilience des populations en Afrique de l'Ouest.

INTRODUCTION

L'étude des conditions d'un développement dans les pays du Sud est indissociable d'un examen des impacts des processus globaux sur ces mêmes pays. Depuis le début des années 1990, le local reste à la mode dans le discours des experts du développement à tel point qu'on omettrait de reconnaître que les territoires à développer sont une partie d'un système mondial dont les impacts n'épargnent aucun élément. Dans les pays en développement, les politiques de décentralisation mises en place sont censées rapprocher les milieux de décision des populations. Autrement dit, l'objectif est de permettre l'émergence d'une forme de développement à taille humaine basée sur des règles éthiques et l'organisation efficace des potentialités locales. En ce sens, on chercherait à permettre un déplacement des lieux de régulation du niveau étatique vers le local avec comme principe à respecter et à promouvoir la bonne gouvernance communément définie comme la gestion saine des affaires publiques dans l'intérêt de tous les acteurs. On semble, cependant, oublier que ce niveau micro de régulation est en relation avec des formes de régulation plus globales produites par le processus de mondialisation. Il ne s'agit pas ici d'en faire le procès mais de montrer que ce phénomène crée des espaces où on essaie d'imposer et de décider de l'avenir de la planète[2]. Aussi bien à l'échelle du fonctionnement des États que dans la structure et le fonctionnement des cités, ses effets se font ressentir avec notamment une métropolisation accrue qui touche à la structure même des sociétés concernées. De même, la mondialisation favorise l'émergence de nouveaux acteurs

---

[2] Référence est faite ici à certaines organisations internationales comme le FMI, la Banque Mondiale, l'OMC… ou à certaines grandes universités ou centres de recherches dont les concepts et idées sont les plus vulgarisés et dominent les débats au niveau international.

internationaux tels que les grandes ONG qui interviennent dans certains registres dévolus à l'État. Face à cette dynamique globalisante, que peuvent bien valoir les initiatives prises au niveau des territoires locaux ?

I. LES IMPACTS DE LA MONDIALISATION SUR LA SOUVERAINETÉ DES ÉTATS

S'il est un fait qui ne constitue plus un doute dans l'esprit des gens, c'est l'influence que le processus de la mondialisation a imprimée sur le fonctionnement des États, quelles que soient leur puissance et l'importance qu'ils occupent sur l'échiquier international. Si certains auteurs considèrent que c'est un phénomène qui a débuté dès le moyen-âge[3], le tournant qu'il a pris depuis la fin de la bipolarisation Est-Ouest au début des années 1990 est sans commune mesure avec ses évolutions premières.

I.1. Les contraintes du modèle libéral sur les plans économique et politique

Le développement du capitalisme mondial concrétisé par la toute-puissance de certaines institutions mondiales (Banque mondiale, Fonds monétaire international, Organisation mondiale du Commerce...), de certains pays leaders (États-Unis, Japon, Allemagne...) et des firmes internationales a fini par imprimer une direction dans les relations entre pays basée sur une compétition exacerbée. Ainsi, les États nationaux, notamment ceux en développement, sont de plus en plus menacés par la puissance du nouvel ordre marchand.

[3] Leroy Stéphane : Villes et mondialisation, http://www.cafe-geo.net/article.php3?id_article=1280 (consulté le 12/04/2011).

Dans leur ouvrage paru en 2000, Gordon Smith et Moises Naim[4] se sont livrés à un véritable réquisitoire sur l'impact des forces de la mondialisation sur la souveraineté des États. Selon les deux auteurs : *« Le trouble est évident. On le pressent aux difficultés quotidiennes et aux nombreux échecs des gouvernements. L'insécurité économique, la pollution, la loyauté chancelante des jeunes, les conflits qui couvent entre peuples et territoires, tous ces maux accablent l'État et l'empêchent, si puissant soit-il, de gouverner seul, même lorsqu'il s'agit de problèmes internes. Non seulement les États s'évertuent-ils à composer avec les forces de la mondialisation, ils n'arrivent même pas à résoudre plusieurs de leurs propres problèmes ».*

L'interconnexion qui caractérise les relations entre pays rend encore la gestion souveraine des affaires intérieures plus problématiques. Quand on parle aujourd'hui des problèmes du cultivateur de coton malien ou sénégalais qui peine à avoir des revenus conséquents alors que sa récolte le lui permet, on pense plus aux effets néfastes des règles de commerce édictées par l'Organisation Mondiale du Commerce et à la fixation des prix au niveau des marchés internationaux qu'à la capacité de leurs propres États à rémunérer le fruit de leur labeur. La même logique de réflexion peut être appliquée concernant les questions de sécurité intérieure et de paix où certains États puissants, sous couvert du droit d'assistance humanitaire, interviennent pour défendre des intérêts particuliers. Sur le plan culturel, l'élargissement des capacités de connexion entre différents lieux dans le monde réduit les distances et abolit les frontières. Les nouvelles technologies de l'information et de la communication participent à une uniformisation

---

[4] Smith Gordon & Naima Moises. *Des États remaniés : Mondialisation, Souveraineté et Gouvernance*, Éditions CRDI, Ottawa, Mars 2000, 110 p.

culturelle qui, en réalité, n'est que le résultat de la diffusion à travers le monde de la culture occidentale dominante.

Pour les pays en développement comme ceux de l'Afrique subsaharienne, la question devient plus complexe. Ils sont à la fois hors et dans la mondialisation : hors du processus parce que leurs poids économique et politique très faibles ne leur permettent pas d'y prendre une part active et d'imposer leurs points de vue dans les instances internationales de décision ; dans la mondialisation vu qu'ils sont soumis à la régulation (dérégulation ?) du système libéral actuellement en cours dans le monde notamment sur le plan économique et financier. Comment définir une souveraineté donc pour ces États qui ne sont pas totalement maîtres de leur destinée ? Pour Smith et Naim[5], bien que le processus affaiblisse les capacités des États sur certains côtés, il leur ouvre, néanmoins des possibilités pour la coopération face aux questions transversales comme la protection internationale des droits humains, la préservation des écosystèmes, l'éradication des épidémies, etc.

> *« La mondialisation pourrait avoir mené à la transformation de la souveraineté et de son transfert partiel aux corps supranationaux, tels que des sociétés multinationales, les marchés financiers, et les organismes internationaux de réglementation (comme à l'Organisation Mondiale du Commerce). Mais dans tous ces domaines et d'autres encore, l'État lui-même a volontairement participé au processus de la mondialisation [6] ».*

C'est à une nouvelle forme de souveraineté transnationale à laquelle on a affaire. La transversalité de ces questions impose aux États une réinterprétation de leur souveraineté qui, en fait, n'est qu'une manière de tirer

---

5 Gordon Smith & Moises Naima, Op. Cit., p. 56.

6 Achayra Amitav : « Mondialisation et Souveraineté : une réévaluation de leur lien », *Revue Internationale de politique comparée*, Volume 8, 3/2001, pp.383-394.

certains avantages de la mondialisation. C'est à peu près dans le même sens qu'abonde Amitav Achayra[7] qui, prenant l'exemple de certains États en Asie a montré, comment ces derniers ont fait bon accueil de la mondialisation en l'englobant dans la sphère économique tout en la limitant dans l'arène politique. Le cas de la Chine est évocateur à cet effet. Le régime politique communiste a su utiliser les outils proposés par le capitalisme pour étendre l'influence économique du pays et en faire aujourd'hui l'un des plus puissants de la planète. Ce simple exemple, parmi tant d'autres, a fait dire à Saskia Sassen[8] que les États n'ont pas nécessairement sacrifié leur souveraineté sur l'autel de la mondialisation. On peut douter, cependant, pour les États en développement notamment ceux de l'Afrique subsaharienne, qu'ils aient une quelconque possibilité de défendre une position ou de peser sur les décisions au niveau international sur les questions d'environnement, de définition de politiques de lutte contre la pauvreté, de respect des droits de l'homme… dans la mesure où au niveau national même, certains d'entre eux éprouvent des difficultés à définir des politiques claires. Une question principale est également liée à la capacité financière de ces États. En effet, comment peut-on considérer souverains, des États qui dépendent très largement de financements extérieurs pour fonctionner ou conduire des politiques ? On ne peut pas dire que les États francophones africains de l'Ouest par exemple qui ont accepté depuis les indépendances de loger les comptes d'opérations de leurs banques centrales respectives auprès du trésor public français soient souverains dans leurs possibilités d'user de leurs avoirs vu que tout décaissement nécessite l'accord préalable de l'État français qui leur garantit leur monnaie. Même pour des États que l'on peut

7 Idem.

8 Sassen Saskia: *Losing Control*: *Sovereignty in an age of globalization* cité par Amitav Achayra, Op. Cit.

considérer comme avancés, la situation peut devenir problématique. Les exemples du Mexique en 1994, de l'Argentine en 2001 et plus récemment la Grèce en 2010 démontrent que le fait de dépendre des marchés financiers spéculatifs pour disposer de liquidités peut être la source de graves dysfonctionnements au niveau économique dont les conséquences sociales et politiques peuvent être tout aussi catastrophiques. À un autre niveau, la manière dont fonctionne le marché financier mondial ne laisse aucune chance aux pays en développement pour maîtriser leurs finances. En effet, la globalisation financière caractérisée par le décloisonnement des marchés et la déréglementation (circulation internationale du capital) ne répond plus à ses objectifs de départ qui étaient de permettre une meilleure redistribution des capitaux entre les pays pour qu'il y ait une croissance de l'économie mondiale et de relier les pays qui ont un besoin de capital à ceux qui ont un excédent. Au contraire, la globalisation financière s'est accompagnée d'une instabilité des marchés de change, d'une montée de la spéculation et d'une suprématie des forces du marché financier sur l'économie. De manière plus préjudiciable, le marché financier est perverti aux fins, selon certains auteurs, d'objectifs impérialistes de certains États. Le témoignage fait par John Perkins est on ne peut plus édifiant. L'auteur affirme l'existence, dans la finance mondiale, de la surprenante fonction d'« assassin financier » qu'il a exercée pendant un moment de sa carrière professionnelle au profit des États-Unis d'Amérique : *« Notre métier s'apparente à celui d'un tueur de la mafia car le principe d'un prêté pour un rendu, la mafia et les gangsters l'appliquent depuis des siècles. Nous, nous agissons à très grande échelle avec des gouvernements, des pays et nous sommes plus professionnels. Nous opérons de différentes manières. Le plus souvent, l'assassin financier repère un pays qui possède des ressources que veulent nos entreprises et nous lui préparons un énorme prêt auprès de la Banque mondiale ou d'une organisation sœur. Mais l'argent ne part jamais vers ce pays. Il revient à nos propres sociétés qui lancent des projets d'infrastructures dans le pays. Cela profite à quelques personnes très riches vivant dans le pays ainsi qu'à nos sociétés, mais ne favorise pas la majorité des habitants, trop pauvres. Or c'est eux qui héritent des dettes colossales, si élevées qu'ils ne peuvent les rembourser. Tant qu'ils s'échinent à rembourser, ils ne peuvent s'offrir un bon système médical ou éducatif. Et les assassins économiques leur disent : "vous nous devez beaucoup d'argent, vous ne pouvez payer vos dettes, donnez-nous une livre de votre chair. Vendez-nous votre pétrole au rabais, soutenez-nous lors du prochain vote crucial à l'ONU ou envoyez vos troupes en renfort en Irak par exemple." C'est ainsi que nous avons réussi à créer cet empire. Car, le fait est que nous faisons les lois. Nous contrôlons la Banque Mondiale. Nous contrôlons le FMI. Nous contrôlons les Nations-Unies. Et ce que font les assassins économiques n'est pas illégal. Pousser des pays à s'endetter et leur exiger ensuite des faveurs, çà devrait être illégal, çà ne l'est pas*[9]. »

En clair, le système libéral et la perversion du marché financier ont permis la domination des pays pauvres soit par les pays riches, soit par certains organismes créanciers. Installés dans une logique de dettes auxquelles ils ont énormément de mal à s'extirper, ils (les pays pauvres) dépendent de ce système qui ressemble à un cercle vicieux

9 Témoignage extrait du film de Erwin Wagenhofen, « *Let's make money* », Sélection officiel du Festival de Sundance (Etats-Unis). John Perkins se définit lui-même comme un ancien assassin financier et reconnaît l'existence de la « fonction » qui est légitimée par les grands argentiers. Il est l'auteur de plusieurs ouvrages parmi lesquels : *Les confessions d'un assassin financier*, Éditions Alterre 2005 ; *The secret history of the American Empire*, 2007.

qui annihile toute capacité de maîtriser les finances nationales.

I.2 La remise en cause de la capacité développante des États

Ce que la mondialisation et les ramifications qu'elle a produites mettent à mal, c'est la capacité des États à être souverains, exclusifs dans la formulation de politiques de développement. Cette faiblesse réduit, non seulement, leurs fonctions de médiateur au niveau interne mais également par rapport aux forces extérieures.

> *« La mondialisation alimenterait la crise de l'État-nation en remettant en cause d'une part les fonctions générales de l'État et, d'autre part, les dimensions de la nation*[10]*. »*

L'État est ainsi devenu un acteur fractal dans la mesure où il est un tout (légitime à travers le suffrage populaire) et une partie de tout (les diverses influences remettant en cause son argument d'autorité). Cette dichotomie implique ainsi une négociation permanente de ses prérogatives qui lui fait partager l'exclusivité de sa capacité de décider seul au nom de la communauté qu'il dirige.

> *« L'État national doit de plus en plus se mouvoir dans un espace de contractualisation plus large, dans lequel interviennent, d'autres États, mais également des acteurs économiques de plus en plus puissants ou des ONG. La mondialisation accentue ainsi la "fractabilité" de l'État de deux façons. D'une part, en le plaçant de plus en plus dans la position d'une partie dans un tout mondialisé. D'autre part, en décentrant l'espace de référence de l'intérêt général qui justifiait sa position de surplomb. En effet, au fur et à mesure que la définition d'un intérêt général national apparaît problématique, émerge de plus*

---

[10] Siroen Jean-Marc. « L'Etat-nation survivra-t-il à la mondialisation ? » in Berthaud Pierre & Kébabjian Gérard (s/d) : *La question politique en économie internationale*, Éditions La Découverte, Paris, 2006, 320 pages.

en plus un intérêt général mondial. Cet intérêt général mondial est naturellement extrêmement difficile à définir. Mais on voit bien qu'à travers la notion de biens publics mondiaux, c'est bel et bien l'intérêt général mondial qui est mis en débat[11] ».

Cette « fractabilité » s'observe également sur la question du développement où l'État n'est plus du tout souverain. La mise en perspective du développement implique que l'Etat soit activiste et capable de définir des politiques qui soient en rapport avec les potentialités existantes et les besoins des populations. Dans la réalité, la paternité des politiques de développement, ou plutôt des cadres dans lesquels doivent être élaborés les politiques de développement, revient depuis quelques années aux organisations internationales comme la Banque Mondiale qui fixent les modalités et les orientations que doivent prendre ces politiques. On pense notamment aux cadres stratégiques de réduction de la pauvreté, aux objectifs du millénaire pour le développement de l'ONU qui sont les canevas dans lesquels les pays en développement inscrivent maintenant leurs actions afin de pouvoir bénéficier des financements que ces programmes drainent. En remontant jusqu'au début des indépendances, il est possible de constater l'évolution qu'a connue la formulation de ces politiques de développement avec une première phase où un rôle prépondérant a été accordé à l'État dans la construction nationale, jusque dans les années 1980, et une redéfinition progressive de ce rôle dans les décennies suivantes vers une vision géoéconomique centrée sur le marché global comme vecteur de la mondialisation[12].

---

11 Anonyme : www.laidi.com/papiers/mondialisation.pdf [consulté en Octobre 2008].

12 Peemans Jean- Philippe : « Territoires et Mondialisation : enjeux du développement » in *Alternatives Sud* : *Territoires, Développement et*

« L'évolution du contexte international après 1980 a eu une influence marquante sur l'évolution des réalités territoriales du développement. Un élément majeur de l'évolution de ce contexte a été les pressions sociopolitiques et socio-économiques, d'origine diverse, qui ont entraîné, notamment à travers l'impact des politiques d'ajustement, une redéfinition du rôle des États-Nations dans le développement. On a pu constater alors l'augmentation de l'influence de nouveaux acteurs transnationaux sur le plan économique et supranationaux sur le plan politique. Cette évolution s'est reflétée dans l'évolution de la pensée sur le développement. Le courant dominant est devenu le courant économique néolibéral, qui a voulu définir désormais le développement comme un processus continu d'adaptation aux exigences de la libéralisation et de la globalisation des marchés. Dans cette vision, le développement est conçu comme une insertion dans la dynamique de la croissance internationale. L'international impose ses normes au national, le secteur privé impose ses normes au secteur public, et la modernisation résulte de la pression des contraintes de l'économie internationale et de la compétitivité des entreprises. Dans cette vision, on ne peut donc pas dire que l'on ait abandonné l'approche de la modernisation. On est passé d'un type de modernisation centré sur l'État-nation, à un type de modernisation centré sur le « marché global [13] ».

L'inscription de la dynamique de développement dans cette perspective internationale a complètement changé la donne non seulement en termes méthodologiques, dans la conception des programmes de développement, mais également dans tout ce qui suit au niveau des acteurs qui doivent y prendre part, du discours politique, des moyens à mettre en œuvre… C'est l'avènement de nouveaux

Mondialisation, Vol XV 2008/1, Centre Tricontinental et Syllepse, Paris.

13 Peemans Jean- Philippe, Op. Cit.

concepts (gouvernance, participation...) que d'aucuns considéreront comme des concepts valises à cause des définitions et contenus multiples qui leur seront donnés mais également et surtout, on assiste à la promotion d'une nouvelle lecture sur les territoires à développer qui met l'accent sur leur rôle économique dans la compétition mondiale. Aussi bien les zones rurales que les villes doivent être des pôles compétitifs interconnectés participant à la production de richesse. Dans la logique de déconstruction de l'État-Nation[14], la focalisation sur le local participe de cette reterritorialisation qui donne plus d'importance à l'attractivité de pôles économiques performants au détriment des politiques nationales. La Banque Mondiale, principale créancière des pays en développement, a largement participé à l'émergence de cette nouvelle lecture économique sur les territoires notamment sur les villes.

II. La formation du « complexe développeur »

Poussant la logique de désengagement de l'État plus loin, les bailleurs de fonds internationaux, principalement la Banque Mondiale et le Fonds Monétaire International vont appuyer les États des pays en développement dans la mise en place de processus de décentralisation censés transférer le pouvoir de décision concernant les affaires locales au niveau des collectivités locales. Il n'est pas nécessaire d'exposer ici tout l'historique de ces politiques qui ont été promues dans les pays en développement, notamment en Afrique subsaharienne, au début de la décennie 1990. Une très abondante littérature existe à cet effet. Il est intéressant de noter, cependant, que l'ouverture permise par ce transfert

[14] Laurent Pierre-Joseph & Peemans Jean-Philippe : « Les dimensions socio-économiques du développement local en Afrique au Sud du Sahara : quelles stratégies pour quels acteurs ? », *Bulletin de l'APAD n° 15, Les dimensions sociales et économiques du développement local et la décentralisation en Afrique au Sud du Sahara, Mai 1998.*

de compétences étatiques vers des collectivités locales a favorisé l'émergence de ce que Jean-Pierre Olivier de Sardan appelle une *« configuration développementaliste »*, autrement dit un dispositif local où plusieurs acteurs d'origines diverses sont en interaction ou : *« cet univers largement cosmopolite d'experts, de bureaucrates, de responsables d'ONG, de chercheurs, de techniciens, de chefs de projets, d'agents de terrain*[15] *»*.

Même si l'intervention extérieure au niveau des espaces locaux remonte au moins aux années 1960, la décentralisation a mis les collectivités locales, dépourvues de moyens, dans l'obligation de développer les activités de partenariat. La disqualification progressive de l'État comme agent de développement a fait place donc à une multitude d'acteurs dont les logiques et méthodes servent, désormais, dans la plupart des cas, de références aux acteurs locaux. La professionnalisation aidant, ONG internationales, bailleurs de fonds, agences de coopération... deviennent les principaux opérateurs de développement et forment un ensemble avec des rapports, un mode de fonctionnement, des théories et méthodes qui s'imposent dans le monde du développement. Pierre de Maret et Marc Poncelet ont utilisé l'expression de *« complexe développeur »* pour définir cet ensemble. Selon eux : *« Les activités dites de développement dans le Tiers-Monde ne constituent pas à proprement parler un secteur professionnel transnational, mais un ensemble d'activités légitimées encore peu ou prou par un couple idéologique alliant devoir moral et capacité technique. Aider et intervenir parce qu'on le doit et parce qu'on en a les moyens. Un immense dispositif institutionnel international s'est ainsi constitué, pourvoyeur de ressources financières, mais aussi et surtout de thèmes et de*

15 De Sardan Jean-Pierre Olivier. *Anthropologie et Développement. Essai en socio-anthropologie du changement social*, Paris, APAD-Karthala, 1995, 221 p.

priorités. En son sein, sont définies des Causes (grandes ou petites), des légitimités se construisent, des technologies sociales d'intervention, d'évaluation et d'animation sont élaborées. Avec le reflux des "alternatives globales" et du tiers-mondisme, quelques grandes institutions internationales acquièrent une hégémonie croissante sur l'ensemble du complexe développeur. Bien que celui-ci ne soit pas monolithique, car il ne cesse de charrier des intérêts nationaux, institutionnels et professionnels de tous types, on peut dire aujourd'hui qu'il est de plus en plus intégré : projets et programmes sont soutenus par des bailleurs associés, financement public croissant des ONG, méthodologie à vocation universelle, professionnalisation générale, constitution de réseaux traversant les anciennes frontières institutionnelles[16] ».

Comme le souligne Gautier Pirotte, ce qui fait la force de cet ensemble complexe, c'est le discours véhiculé sur la faillite de l'État modernisateur et l'insistance sur la nécessité de faire émerger d'autres opérateurs de l'aide drapés de vertus (flexibilité, rapidité d'exécution, ancrage populaire, activités centrées sur les besoins des bénéficiaires et bien sûr capacité à toucher les plus pauvres) que cet État ne possède pas[17]. Au début des années 1990 donc, l'État n'est plus au centre de l'action publique. Les agences internationales de coopération au développement, les ONG internationales ainsi que certaines ONG locales vont jouer ce rôle à sa place en façonnant un nouvel ordre multi-

[16] De Maret Pierre & Poncelet Marc (s/d) : *Les associations urbaines en Afrique subsaharienne : types, fonctionnement et initiative en matière de développement, études de cas à Cotonou (Bénin), Lubumbashi (RDC) et Yaoundé (Cameroun)*, Université de Liège, Belgique, 1999, 100 p.

[17] Pirotte Gautier : « La notion de société civile dans les politiques et pratiques du développement », *Revue de la régulation*, n°7, 1er Semestre 2010.

polaire. Avec ces différents acteurs, on expérimente des coopérations et des partenariats entre différents échelons politiques, différentes rationalités et logiques, etc. qui forment la nouvelle trame du développement. Face à celle-ci, la question est de savoir à quelle aune mesurer la valeur de ces partenariats nouveaux, de ces coopérations plus ou moins obligées, de ces règles collectives. Les concepts de gouvernance et de participation ont été des trouvailles que les bailleurs de fonds ont mises en avant comme éléments d'appréciation de ces nouveaux modes de fonctionnement.

III. GOUVERNANCE ET PARTICIPATION

Tous les projets de développement et politiques à l'échelle locale ou nationale sont saupoudrés de ces concepts. Leur prise en compte devient quasiment indispensable pour qu'un projet puisse exister. Face à l'échec des politiques d'ajustement structurel, un consensus s'est largement dégagé au niveau international sur la nécessité de redéfinir de nouvelles formes d'action collective dans le cadre desquelles seront prises en charge les questions de développement. De nouveaux enjeux voient le jour avec l'injonction faite par les bailleurs de fonds de rendre plus « humaines » les politiques de développement à travers la gouvernance et la participation, notamment au début des années 1990 avec le cap mis sur les politiques de lutte contre la pauvreté.

III.1 Avènement et enjeux de la gouvernance

Le concept de gouvernance est arrivé en Europe au milieu des années 1990 après la fin de la bipolarisation Est-Ouest et la remise en cause de la toute-puissance de l'État dans la conduite des affaires publiques. Cette remise en cause porte sur une nette tendance à la fragmentation de la puissance publique notamment du fait des reconfigurations des relations entre l'État et les collectivités locales. Avec la gouvernance, on cherche à faire évoluer les modalités de gouvernement, d'administration et d'expertise encore dominantes vers de nouvelles modalités de prise de décision et d'action plus partenariales, plus interactives, plus négociées qui maximisent et utilisent les potentialités réflexives des divers acteurs[18].

Moins que les débats scientifiques, ce sont les enjeux de l'action qui ont stimulé les références à la gouvernance. L'enjeu devenait l'innovation, c'est-à-dire la diffusion élargie de nouvelles normes d'action. Cet enjeu concerne plusieurs échelles : internationales, nationales et locales.

L'enjeu international est du ressort de la Banque Mondiale qui s'est saisie du thème de la gouvernance dès 1990. Face aux échecs des politiques d'austérité des années 1980, une question essentielle a été posée au sein de l'institution mondiale : comment mettre en place une aide qui passe moins par les bureaucraties nationales, et qui ne se perde pas au fil des chaînes d'intermédiaires ? En réponse, les experts de l'institution ont avancé l'idée de faire de la bonne gouvernance une condition pour la conduite des politiques publiques. Elle allie le souhait de travailler directement avec des organisations sociales ou des responsables politiques de proximité et la volonté de mettre les bureaucraties administratives à l'école du management.

Au niveau national, l'enjeu est de redéfinir le rôle de l'État en décentralisant certaines de ses prérogatives. L'État n'apparaît plus comme le seul porteur de l'intérêt général et les autres acteurs, publics ou privés, rendus plus autonomes, participent à la construction et à la négociation des règles et de leurs applications.

[18] Ascher François : « La république contre la ville. Essai sur l'avenir de la France urbaine », in *Les cahiers millénaires, Mission Prospective et Stratégie d'agglomération de Grand Lyon*, Éditions de l'Aube 1998, pp. 45-52.

Au niveau local, l'enjeu de la gouvernance pose la question de la capacité des acteurs en présence à inscrire leurs actions dans des démarches plus ouvertes et transparentes afin de recréer, dès le départ, les bases d'une confiance renouvelée de façon à rendre pérenne le nouveau système qui se met en place. Il s'agit donc d'accompagner et de soutenir cette dynamique multi-acteurs en amenant les uns et les autres à intégrer désormais dans leurs comportements et dans leurs interventions, les principes, normes et procédures de nature à rendre plus inclusive la gestion des affaires locales. Il s'agira particulièrement d'amener les nouveaux acteurs municipaux et les autres intervenants locaux à avoir constamment à l'esprit les principes de base qui sont au cœur de la bonne gouvernance à savoir : l'imputabilité qui les rend responsables de leurs actes, l'obligation de rendre compte, le droit à l'information et à la participation du citoyen.

Si les enjeux sont bien définis, la gouvernance reste un concept qui souffre d'une absence de définition unique. En effet, chaque acteur international (Banque mondiale, PNUD, Commission européenne...) la définit selon ses propres critères qu'il a mis en place pour l'octroi d'une quelconque aide aux pays en développement. Cette pluralité de définitions fait que la gouvernance ait été qualifiée de concept « valise », chacun l'employant à sa guise et selon ses intérêts. Cependant, on peut s'accorder avec Jean-Claude Redjeme pour dire que : *« la gouvernance, c'est la manière dont les gouvernements gèrent les ressources sociales et économiques d'un pays. Partant, la bonne gouvernance implique l'exercice du pouvoir par les divers paliers de gouvernement de façon efficace, honnête, équitable, transparente et responsable. Autrement dit, la gouvernance est l'assise du développement et la bonne gouvernance, le fondement de la gestion participative, démocratique et transparente des affaires publiques. Ainsi définie, la bonne gouvernance doit être considérée comme un moyen d'aider les gouvernements à atteindre leurs objectifs en matière de développement humain et d'élimination de la pauvreté*[19] ».

Trois éléments paraissent essentiels à la bonne gouvernance : la lisibilité de l'action publique, une responsabilité réelle, passant par des évaluations techniques et financières, la mobilisation de réelles compétences gestionnaires.

Comment mettre en œuvre cette bonne gouvernance ?

Du côté de la Banque Mondiale, comme des autres institutions, les experts vont entreprendre à travers le monde un vaste travail prosélyte : convertir et former de nouvelles élites dans chaque pays concerné. Car si on veut se passer, au moins en partie, des bureaucraties traditionnelles et de certaines pratiques compromettantes, il faut se doter de nouveaux interlocuteurs, et les former. On cherche donc à s'adresser à des associations, à des universitaires et des chercheurs, à de nouvelles couches techniciennes, et à des élus urbains. Cette intense activité de réflexion et de formation tourne, au niveau de la Banque Mondiale, autour d'un pôle, le World Bank Institute, de collections de publications (World Bank International Development Studies) et de programmes internationaux de formation sur le city management.

III.2. Peut-on réellement parler de bonne gouvernance ?

Si l'enjeu principal de la bonne gouvernance est de permettre une gestion transparente des affaires publiques, sa mise en œuvre dans les contextes des pays en développement, surtout de l'Afrique subsaharienne peut relever d'un véritable défi. Cela tient à plusieurs facteurs qui ont, entre autres, pour noms corruption et mauvaise

[19] Ascher François, 1998, Op. Cit.

gestion. Le problème est cependant plus aigu. Étant un concept importé, la gouvernance ne peut être appliquée de la même manière dans les contextes africains qu'en Occident. Posant le débat sur l'indigénisation de l'État en Afrique, Etienne Le Roy[20] pense qu'en imposant la bonne gouvernance aux pays africains, les bailleurs de fonds apportent des solutions qui ont fait peut être leur preuve ailleurs mais qui ne sont pas adaptées dans ce cadre précis et ceci à cause de la perception singulière que l'on se fait du pouvoir en Afrique. Si dans le contexte occidental, l'exercice de l'autorité étatique suppose une organisation politique dans le cadre de pouvoirs multiples spécialisés et interdépendants, dans le cadre africain, la nature patrimoniale de la structure sociale implique que ce pouvoir ne puisse réellement être décentralisé. Dans la réalité, il est concentré entre les mains de quelques individus, d'un parti politique fort ou d'une clientèle politique qui assure une gestion familiale et solidariste de l'autorité. Les dévolutions de pouvoir opérées dans certains pays africains dénotent de cette logique patrimoniale. Dans cette perspective, il devient très difficile d'envisager une bonne gouvernance qui doit refléter la capacité de dépassement des dirigeants et le sens de l'intérêt général. Jean-François Bayard parle de la « gouvernementalité du ventre » pour caractériser cet État où la corruption, les stratégies d'allégeance, le clientélisme... sont les éléments les plus présents. Il stipule que le pouvoir en Afrique constitue un moyen privilégié d'accès aux utilités et aux ressources morales de l'État :

> *« ... l'une des ruptures décisives de l'indépendance a résidé dans l'accès direct aux ressources de l'État qu'elle a accordé aux élites autochtones, (...) elle leur ouvrait la*

[20] Le Roy Etienne : « Gouvernance et Décentralisation ou le dilemme de la légitimité dans la réforme de l'État africain de la fin du 20ème siècle » in *Les avatars de l'État en Afrique*, Paris, Karthala, 1997, pp.153-160.

maîtrise du cadastre, du crédit, du fisc, des offices de commercialisation des cultures de rentes, de l'investissement public, de la négociation avec le capital privé, des importations[21] ».

L'État serait ainsi une source d'accumulation qui justifierait les luttes quasi permanentes entre élites pour l'accès au pouvoir.

Par ailleurs, les politiques de décentralisation qui ont connu un regain au cours des années 1990 sont censées participer à cet établissement de la bonne gouvernance. Mais ici également, la redistribution du pouvoir au niveau des élites locales (pour un premier niveau) et des populations (à un niveau inférieur) obéit à une logique que l'on pourrait qualifier de clientéliste. L'immixtion des représentations des pouvoirs traditionnels locaux, des leaders d'opinion… dans le jeu politique est un élément que les acteurs politiques n'hésitent pas souvent à utiliser à des fins de contrôle de l'espace public. Ces pouvoirs traditionnels et leaders d'opinion sont souvent à même de « rapporter » des voix et la contrepartie serait qu'ils aient la possibilité d'accéder aux lieux de décision politique. Il s'instaure ainsi une sorte de marchandage au bout duquel l'objectif poursuivi dans le cadre de la décentralisation n'est finalement pas atteint, c'est-à-dire, l'établissement d'un jeu démocratique à la base et une gestion efficace des affaires locales. La scène locale n'est nécessairement pas plus démocratique que la scène nationale. L'ascendant que les pouvoirs locaux et certains politiques ont sur les populations leur permet tout simplement d'instrumentaliser la décentralisation pour augmenter leurs pouvoirs économiques et politiques. Étudiant le cas du Sénégal, Momar Coumba Diop et Mamadou Diouf affirment que les collectivités locales sont des positions de prédation dans

[21] Bayard Jean-François: *L'État en Afrique : la politique du ventre*, Paris, Fayard, 1989, 439 p.

lesquels les élites locales agissent au bénéfice du pouvoir central et dans la perspective de leur maintien sur l'échiquier politique local[22] en créant ce que Boizo Ori[23] appelle politiquement des « obligés », principaux souteneurs de ces élites locales. Dans ces conditions, les règles du jeu démocratique sont faussées et par-delà celles de la bonne gouvernance qui implique transparence et intégrité. Poussant l'analyse plus loin, Meisel et Ould Aoudia montrent qu'une des causes fondamentales qui empêchent l'instauration d'une bonne gouvernance dans les pays en développement est liée à la prédominance de groupes d'intérêts particuliers agissant à travers les sphères sociale, économique et politique. Toute transformation de l'ordre social et politique qui pourrait remettre en cause leur accès privilégié aux ressources économiques et politiques suscite de fortes résistances de leur part : ils résistent notamment à la mise en place d'institutions impersonnelles qui garantiraient, dans les champs économique, social et politique, un accès ouvert à tous et une concurrence régulée[24].

Si la bonne gouvernance est censée réduire les « pathologies » qui affectent le cadre politique de certains systèmes des pays en développement (corruption, défaillance

---

22 Diop Momar Coumba & Diouf Mamadou: « Pouvoir central et pouvoir local : la crise de l'institution municipale au Sénégal » in *Pouvoirs et Cités d'Afrique noire : Décentralisations en questions*, Jaglin Sylvy & Dubresson Alain, Éditions Karthala, Paris, 1993, 308 pages, pp. 101-125.

23 Ori Boizo : « Crise, gestion municipale et participation populaire ou jeux de pouvoir dans la ville » in Contamin Bernard & Memel-Fote Harris : *Le modèle ivoirien en questions : crises, ajustements, recomposition,* Éditions Karthala, Paris 1997, 800 pages, p. 424.

24 Meisel N. & Ould Aoudia, 2007 : La « bonne gouvernance » est-elle une bonne stratégie de développement ?, http://ces.univ-paris1.fr/membre/seminaire/heterodoxies/Pdf/OuldAoudia.pdf. (Consulté en Octobre 2011).

du système démocratique…), les comportements des acteurs ne sont pas à même de faciliter sa mise en œuvre. Mais le problème ne se situe pas simplement à ce niveau. La bonne gouvernance est un concept dont l'application dans la sphère publique reste problématique dans la mesure où, sur les plans politique et économique, ses principes tentent d'aligner les pays en développement sur les mêmes caractéristiques institutionnelles que les pays développés. Cependant, la différence des systèmes de régulation sociale entre ces deux univers rend la bonne gouvernance pratiquement inopérante. Si certains principes fonctionnent dans les pays occidentaux, il peut ne pas en être de même dans les pays en développement. C'est dans le cadre de configurations socio-historiques singulières que le triptyque de la bonne gouvernance (libéralisation économique, libéralisation politique et démocratisation) a opéré dans le sens du développement de ces sociétés. Cela n'en fait pas pour autant une formule magique du développement valable de tout temps et en tous lieux. L'acceptation de ces principes inscrirait le développement dans une perspective évolutionniste vu que les pays en développement doivent emprunter les mêmes voies que ceux développés pour aspirer au bien-être. C'est ce caractère normatif de la bonne gouvernance qui constitue ainsi sa principale limite. Il remet en cause également la participation et le partenariat, ces autres exigences des bailleurs de fonds. Si des arrangements institutionnels sont nécessaires pour qu'un bon processus de gouvernance puisse exister, l'importation du concept sans « tropicalisa-tion » ainsi que le comportement des acteurs au niveau local poussent à dire que les notions de participation et de partenariat ont plus valeur de symbole démocratique que d'outils efficaces de gestion, de coordination des actions et de développement.

IV. DE LA PARTICIPATION DES POPULATIONS ET DU PARTENARIAT

Autant que le concept de gouvernance, celui de participation connaît une multitude d'interprétations qui sont source d'une grande confusion. Sa définition rencontre des difficultés qui sont liées à la diversité des approches et à la pluralité des contextes qui font que chaque processus participatif à une signification particulière.

Selon Philippe Bernoux, *« participer, c'est prendre une part active et s'impliquer ; ce peut être aussi, en retour, avoir de l'influence et du pouvoir*[25] *»*.

Cette définition a l'avantage de lier la participation au problème du pouvoir, qui est déterminant dans tout processus participatif. Aussi, la participation nécessite-t-elle la création de normes et de procédures juridiques permettant aux individus de mettre en action une volonté autonome dans les actions collectives auxquelles ils doivent prendre part. Mais cette définition simple sur le plan juridique ne renseigne pas correctement sur la réelle valeur de ce concept, traduit de manière concrète sur le terrain du développement avec des acteurs de niveaux et moyens différents.

Largement utilisée et réclamée ces dernières décennies par les acteurs majeurs du développement pour garantir leur soutien aux actions locales, la participation est aujourd'hui présentée comme un élément indispensable à la recomposition de l'action collective. Sylvy Jaglin en fait référence en la considérant comme le « chaînon manquant » des pratiques antérieures de développement qui permet à la fois de renforcer l'efficacité des investissements et de la gestion d'une part, de promouvoir la démocratisation et l'équité des choix collectifs par l'empowerment des

[25] Bernoux Philippe : *La sociologie des organisations*, Paris, Seuil, 1985, 373 p.

populations vulnérables d'autre part[26]. Dans cette dernière perspective, le qualificatif de « populaire » a été accolé au concept afin d'inscrire la notion de participation dans un socle idéologique qui appelle à une revalorisation des compétences des populations de base. À ce niveau, la participation se rapporterait à l'ensemble des mécanismes d'implication volontariste et de mise à contribution des populations locales, à travers des cadres contractuels, dans les opérations de développement les concernant. Il s'agit d'une action à la fois sociale et organisationnelle permettant aux populations locales de prendre part aux actions collectives de développement. La participation populaire apparaît ainsi comme une option stratégique en faveur du développement local. Mais, selon certains auteurs, le discours tenu aujourd'hui sur l'importance de cette démarche participative dans le processus de développement doit être relativisé. La question est de savoir dans quelles mesures des populations souvent démunies (et presque toujours dans l'attente d'une quelconque aide) peuvent-elles être amenées à participer au processus de développement sans que les exigences d'équité dans les rapports avec les autres acteurs, de volontarisme… ne soient remises en cause et que leurs points de vue et compétences soient pris effectivement en compte. Marie Louise Mathieu pense que les priorités annoncées en ce qui concerne la participation des populations sont contradictoires. La volonté affirmée de permettre aux populations d'avoir une meilleure maîtrise de leur devenir va à l'encontre de l'obligation de participation, même si elle vise à développer leur sens de la propriété vis-à-vis des biens apportés par le projet. Une fois le discours

[26] Jaglin Sylvy : « La participation au service du néolibéralisme ? Les usagers dans les services d'eau en Afrique subsaharienne » in Bacqué Marie-Hélène, Rey Henri, Syntomer Yves (dir), 2005 : *Gestion de proximité et démocratie participative : une perspective comparative*, Paris, La Découverte, pp. 271-291.

laissé de côté, les approches participatives ne sont que des approches descendantes après tant d'autres. La différence essentielle entre les unes et les autres est qu'il ne s'agit plus de vulgariser la technologie appropriée, mais de propager la méthode participative elle-même. Imposer ainsi aux populations une certaine méthodologie de la participation ne serait, selon Mathieu, qu'une forme de néo-colonialisme développementiste[27]. Prenant le cas de l'Afrique de l'Ouest francophone, Bara Gueye[28] montre que les efforts des organisations chargées de promouvoir la participation au sein des communautés locales demeurent encore faibles dû au fait qu'elles ont pendant longtemps fonctionné selon des procédures standardisées, bureaucratiques qui inhibent les pratiques novatrices et flexibles. Selon l'auteur, les institutions tendent au fil du temps à être des paradigmes autrement dit une certaine façon de voir les choses. Or, un paradigme évolue rarement dans le temps car celui-ci, une fois mis en place tend à transformer l'organisation en un système fermé. Toute la question du développement participatif consiste à changer un paradigme existant par un autre. Or le caractère auto-protecteur des paradigmes de même que le traumatisme associé à leur changement rendent plus difficiles les conditions de changement. La parade trouvée par les organisations promotrices de la participation a consisté à mettre en place des structures parallèles à celles endogènes en place, des structures plus faciles à modeler ou à influencer selon des visions qui ne dérogent pas à la perspective standardisée.

Dans la pratique, la participation ne va pas souvent sans le partenariat. Ce dernier concept est également à l'ordre du jour et, dans la pratique, est formellement inclus dans la mise en œuvre des projets de développement au bénéfice

---

[27] Mathieu Marie-Louise, 2002, Op. Cit., p. 538.

[28] Guèye Bara: *Où va la participation. Expériences de l'Afrique de l'Ouest francophone,* CRDI, 1999, 39 p.

des populations. L'idée générale est qu'il faut tirer profit des synergies potentielles ou existantes entre les différents acteurs du développement et travailler à mettre en contact les diverses parties prenantes concernées par un problème. En théorie, la concertation au moment de l'identification des objectifs et de la définition du projet améliore celui-ci, qui s'en trouve enrichi tout en étant plus ancré dans la réalité et en phase avec les demandes de développement des populations. De plus, la redéfinition des rôles et des responsabilités entre acteurs doit permettre d'améliorer la gestion de toute une série de services essentiels car on considère que là où des capacités sont mises au service de processus associant de multiples parties prenantes, les retombées bénéfiques seront considérables. On est là dans le domaine de la théorie. Mais est-ce que les choses se passent exactement de la même manière sur le terrain ? Les énoncés méthodologiques dont le respect fait qu'un projet de développement soit réussi comportent des limites quand il s'agit de les traduire sur le terrain. Diverses expériences de partenariat ont montré que le respect des principes méthodologiques est souvent compromis par le rapport financier qui lie les différents acteurs mais également par les représentations que ceux qui sont appelés « experts » du développement se font des sociétés à développer. Les exigences d'égalité dans les relations ne sont pas toujours respectées et ceci, durant les principales phases d'exécution des projets de développement.

Afin de mieux comprendre les limites du partenariat, il est impératif de voir la conception que l'on se fait du développement des sociétés du Sud au niveau de hautes sphères financières. C'est cette conception qui conditionne, à notre avis, toute la démarche des organismes de développement (qu'ils soient ONG ou agences de développement gouvernementales) puisque dépendant bien évidemment de ces financements. Dans notre analyse, nous

nous limiterons aux relations entre les acteurs « développeurs » du Nord (principalement les ONG) et leurs homologues du Sud.

IV.1 Les illusions développementalistes

L'examen de l'histoire de la notion de développement nous permet de distinguer deux grands ensembles de théories. Le premier ensemble est *« fondé sur un discours social et humaniste qui ajoute au processus historique un aspect moral au développement en tant que réducteur de pauvreté et vecteur de modernisation. Il est basé sur deux significations étroitement imbriquées : le développement comme transition ou transformation vers une économie moderne, industrielle, capitaliste et le développement comme amélioration de la qualité et du niveau de vie*[29]*»*.

Le deuxième ensemble fait référence aux représentations que les agences et experts du développement se font des groupes sociaux à développer. Ces représentations sont fausses parce que non fondées sur la réalité concrète mais s'appuyant sur des hypothèses scientifiques fallacieuses[30]. Dans ce cadre, les experts de développement ne sont guidés que par le souci d'appliquer des politiques, programmes et projets de développement « clés en main » autrement dit conçus en dehors de toute prise en compte des réalités sociales des sociétés à développer.

En outre, le contexte international du développement est dominé actuellement par un certain nombre de problématiques qui font recette auprès de bailleurs de fonds. Il en est ainsi des questions de genre, d'enfance ou d'environnement. La focalisation sur de telles questions permet aux acteurs, de façon presque certaine, d'obtenir un

---

[29] Paquot Elisabeth: "Regards sur la culture « développementiste »: représentations et effets non intentionnelles", Direction scientifique GRET, Document de travail n°20, Février 2000.

[30] Idem.

financement. Du même coup, ils procèdent (sans le vouloir peut-être) à une « chosification » du social faisant ainsi abstraction des mondes sociaux et individuels locaux au profit d'une notion de communauté indifférenciée[31]. Le danger est dans ce cas de ne pas avoir une adhésion totale des sociétés dans lesquelles les projets sont conduits parce que ne recoupant pas totalement leurs préoccupations.

Mais à bien y regarder, c'est la logique structurelle de l'aide qui dicte tous ces comportements de la part des acteurs du développement *« car les actions doivent correspondre aux intérêts du développeur tout en devant plaire aux différents publics cibles [32] ».*

Il en résulte une ambiguïté et une contradiction des politiques de développement résultant du conflit entre le pouvoir détenu par les bailleurs sur les ressources financières et leur objectif de transférer le pouvoir aux bénéficiaires des projets de développement. Finalement qui décide quoi dans ce contexte ?

IV.2 La question de la pertinence des projets de développement

Il est important, pour répondre à la question posée dans la partie précédente, de regarder les rôles joués par chaque acteur impliqué dans les relations de partenariat pour savoir à qui revient réellement le pouvoir de décision aussi bien du type de projet à financer que de la manière dont il va être conduit.

En principe, les acteurs du Nord ont trois objectifs :

- Le premier est le transfert vers le Sud des ressources financières mais aussi techniques ou de gestion et, si nécessaire, humaines ;

[31] Idem.
[32] Elisabeth Paquot, 2000, *op. cit.*

- Le deuxième concerne l'éducation et la sensibilisation des sociétés et institutions du Nord ;

- Le troisième objectif a trait au lobbying sur les prises de décision politiques et économiques qui exercent leur influence, d'une manière déterminante, sur des situations dans lesquelles vivent les populations du Sud mais, aussi, et ceci de manière de plus en plus considérable, sur des secteurs de population de plus en plus importants au Nord[33].

Cependant, dans la réalité, toutes les ONG du Nord ne développent pas ces objectifs fondamentaux. Au vu de leur dépendance financière par rapport aux donateurs privés et institutionnels, la plupart d'entre elles se limitent à jouer un rôle de simple courroie de transfert de ressources vers le Sud. Plus rarement, certaines développent l'éducation et la sensibilisation au développement et beaucoup moins nombreuses sont celles qui introduisent le lobbying parmi leurs activités. Leur rôle consiste aussi le plus souvent à concevoir des projets de développement susceptibles de correspondre aux centres d'intérêts de leurs principaux financeurs.

D'un autre côté, les partenaires du Sud, devraient remplir les mêmes rôles que ceux du Nord. Cependant, dépendants qu'ils sont pour la plupart d'entre eux de finances extérieures, ils se limitent à être des « agences d'exécution » des projets de développement. Ainsi, ils ont le sentiment qu'ils peuvent faire non pas ce qu'ils estiment le plus nécessaire pour leurs populations mais seulement ce que le Nord est disposé à financer[34].

---

[33] Argal Von Migel Angel: « Le rôle du partenariat dans le processus de la santé pour tous vu par les organisations non gouvernementales », *Bulletin n°71 du Médicus Mundi Schweiz*, Décembre 1998.

[34] Rebolons Marcos : « Quand les ONG du Nord pratiquent l'amour libre avec les ONG du Sud », www.globenet.org (Consulté en mars 2011).

Finalement, la réponse à notre question posée plus en haut est toute évidente. Si les acteurs du Sud se voient conditionnés par les priorités qu'établissent ceux du Nord, ces derniers sont à leur tour conditionnés par leurs sources de financement : le public qui répond à leurs campagnes (et qui est plus sensible aux urgences et aux projets de grande visibilité matérielle) et les organismes publics qui ont aussi leurs exigences.

Ce sont, ainsi, ces multiples « égarements » et enjeux qui se font ressentir au niveau de la démarche des projets dans les pays du Sud.

IV.3 Le mythe de la participation et du partenariat

Quel niveau de participation (entendu au sens d'acceptation des projets et de perspectives d'appropriation) peut-on espérer pour les populations du Sud dès l'instant que les projets qui leur sont destinés sont pilotés de l'extérieur ? Peut-on réellement parler de partenariat équitable dans un contexte pareil ?

Souvent, la participation des populations est requise pour tenter de légitimer un projet de développement. Mais, dans la réalité, elle est très problématique pour plusieurs raisons.

Elle implique, à l'issue du projet, une appropriation complète par les populations de celui-ci. Or, ce n'est pas toujours le cas. D'abord, parce qu'il y a différents niveaux de participation (selon la nature du projet) qui n'aboutissent pas toujours à cette appropriation. Ensuite, parce que dans bien des cas, différents intérêts sont représentés dans les processus de participation et de consultation. Ceux-ci entendent souvent défendre leurs prérogatives, fut-ce au détriment de l'intérêt général. Enfin, parce que la plupart des projets de développement semblent occulter le fait que la participation ne se décrète pas sur un simple coup de baguette magique. Elle nécessite une bonne explication des enjeux du projet et l'existence d'une certaine culture de la démocratie et de la concertation au niveau des zones où ils interviennent.

Ainsi, ce concept souvent convoqué ne semble être qu'un alibi qui permet de faire passer les projets tant il est polysémique et qu'il dépend d'un certain nombre de conditions qui sont loin d'être réunies dans la plupart des cas.

> *« C'est un paradoxe absolu que ce mot d'ordre (participation), cet impératif international, cette incontournable incantation ne puisse faire l'objet d'aucune conceptualisation unanimement reconnue. Tout le monde voit ce qu'il faut entendre ainsi mais nul n'est en mesure de présenter des exemples ayant valeur universelle de ce mode d'agir. À moins que ce soit un mode d'être »*[35].

En ce qui concerne les rapports entre les partenaires, on ne peut pas parler non plus de réelle participation de ceux du Sud à la prise de décision sur la coopération qu'ils reçoivent du Nord. Contrôle et lourdeur bureaucratique sont les facteurs qui caractérisent le plus leurs relations. Trop fréquemment, les acteurs du Sud se voient soumis à des exigences contradictoires : d'un côté, il leur est exigé toujours plus de contrôles administratifs, des méthodes plus sophistiquées (et parfois changeantes en fonction des modes du Nord) de planification, suivi et évaluation et une présentation de leurs projets chaque fois plus compliquée. Les modifications du projet tout au long de son exécution impliquent des démarches longues et compliquées. Quant aux rapports sur les comptes, ils sont de plus en plus compliqués et assujettis à des normes établies par le Nord. Les acteurs du Sud n'ont pas toujours les moyens de satisfaire à ces exigences parce que ne disposant pas des compétences professionnelles nécessaires. Au demeurant,

[35] Fuchs J.P : Pour *une coopération au développement durable*, Commission Française du Développement Durable, Juin 1997.

nous nous trouvons devant un modèle de partenariat hiérarchique qui se traduit à tous les niveaux et qui constitue un obstacle à l'émergence de capacités endogènes propres.

> *« Les partenariats ne se développent pas dans des espaces vides et leur développement ne saurait être un processus neutre. [...] La constitution et le fonctionnement de tels partenariats seront toujours biaisés au bénéfice de la coalition dirigeante, à ce point que la participation de la population, au lieu d'augmenter son pouvoir, peut très bien lui en ôter encore*[36] *».*

Ce même point de vue rejoint les critiques formulées par Kothari[37] concernant les pratiques partenariales. Celui-ci remet en cause le postulat répandu selon lequel la participation des acteurs sociaux aux processus décisionnels permet la réalisation de projets mieux adaptés à la réalité locale et suscite des processus d'empowerment à l'échelle locale. Il défend plutôt la thèse que la participation encourage la réaffirmation du contrôle et du pouvoir par les acteurs dominants, qu'elle peut conduire à la création de normes sociales à travers l'auto-surveillance et la construction de consensus, et qu'elle « purifie » la connaissance et les espaces de participation à travers la codification, la classification et le contrôle de l'information, ainsi que son analyse des représentations.

En définitive, malgré les efforts consentis et les discours progressistes qui ont actuellement cours, il apparaît qu'une vision très simpliste du développement persiste à exister encore chez les concepteurs de projets de développement.

---

[36] Atkinson Rob: « Les aléas de la participation des habitants à la gouvernance urbaine en Europe » in *Les Annales de la Recherche Urbaine* n° 80-81, p. 80.

[37] Kothari Uma: « Power, Knowledge and Social Control in Participatory Development » in Kothari, U. & B Cooke. *Participation: the New Tyranny?* London, Zed Books, 2001, 207 p.

Les projets d'une durée assez limitée dans le temps (deux ou trois ans) ne peuvent avoir d'autres effets que de servir de cataplasmes par rapport à des problèmes d'une ampleur beaucoup plus considérable. Les problèmes de développement sont si complexes et leurs solutions si difficiles qu'ils ne peuvent être réglés que grâce à des perspectives de temps assez longs, de collaborations franches entre acteurs et de compétences professionnelles avérées.

IV.4 La question de l'évaluation

Cette étape du cycle de projet n'échappe pas également au rapport hiérarchique qui lie acteurs du Nord et du Sud. Par le passé, l'évaluation des projets de développement consistait surtout pour les partenaires du Nord à vérifier si les ressources qu'ils ont investies ont été judicieusement utilisées. Au moment où les activités de développement ont évolué, ces pratiques restent toujours d'actualité. Si l'implication des bénéficiaires est souhaitée, l'axe central des méthodologies reste en général très technique. L'accent est souvent mis sur la description objective de la situation par l'acteur du Sud suivi d'une appréciation de l'expert mandaté par le partenaire au Nord[38] qui *« énonce ses critères de jugement, c'est-à-dire ses propres références qui le conduisent à considérer tel résultat comme un succès et non comme une banalité*[39] *».*

---

[38] Des interviews effectuées auprès des ONG luxembourgeoises dans le cadre d'un stage à la Direction de la Coopération au développement du Luxembourg en 2006 nous ont permis de constater que celles-ci mandatent leurs experts sur le terrain pour une durée assez limitée juste pour effectuer un constat par rapport à l'exécution des projets.

[39] Guéneau Marie Christine & Beaudoux Etienne : *Guide méthodologique : l'évaluation, un outil au service de l'action,* Fonds pour la promotion des études préalables, études transversales, évaluations, 1996, 74 p.

La consultation des bénéficiaires n'apparaît donc pas souvent nécessaire à l'évaluation.

> *« Les acteurs de terrain sont simplement des fournisseurs de données sur le projet, de la même façon que sur l'ensemble du projet la participation des populations se limite le plus souvent à la phase d'exécution des travaux collectifs* [40] *».*

À un moment où les questions de développement ont évolué et deviennent plus holistiques et plus multidisciplinaires, l'évaluation devrait se transformer d'un outil de contrôle, en un outil qui renforce les capacités des acteurs du Sud à s'approprier des démarches pouvant leur permettre d'être les principaux maîtres de leur développement.

En définitive, un constat s'impose. Quels que soient son aspect novateur et le dépassement qu'elle a permis par rapport à la logique verticale de développement qui a longtemps prévalu dans les pays du Sud, la méthode du cycle de projet comporte des limites quand il s'agit de le traduire sur le terrain. Ces limites relèvent d'enjeux de pouvoir entre les acteurs du Nord et du Sud mais également d'une participation pas toujours effective des bénéficiaires. Trop de décisions importantes sont prises sans concertation suffisante avec les bénéficiaires et autres parties prenantes et sans toutes les informations nécessaires.

Ainsi dans la plupart des cas, le soi-disant partenariat n'est qu'un rapport de pouvoir et, il ne faut pas l'occulter, *« l'argent est le nerf de la guerre »*. Celui qui détient les moyens financiers a tendance à dicter sa vision et à faire de l'autre l'instrument au service de ses propres finalités. L'application de la méthode du cycle de projet est

---

[40] Alain Piveteau : « Les ONG au Burkina-Faso : de la réputation à l'évaluation », in *Les aides à l'Afrique en questions*, *Afrique Contemporaine* n°188, Octobre-Décembre 1998.

l'exemple même de cette suprématie du développeur parce qu'imposée mécaniquement aux bénéficiaires des projets[41].

En fin de compte, nous nous trouvons le plus souvent devant un modèle de partenariat hiérarchique qui va se traduire à tous les niveaux et qui constitue un obstacle à l'émergence de capacités endogènes propres. Ainsi, si les capacités des populations locales ne sont pas révélées, il n'y aura jamais de discussion franche et ouverte sur les visions de changement durable. La méthode du cycle de projet ne serait-elle donc qu'une lubie[42] ?

CONCLUSION

Dans le contexte actuel et suivant l'évolution des relations entre acteurs, la pratique du développement s'est fortement transformée, accentuée par les processus et dynamiques de la mondialisation qui ont complexifié les situations et les enjeux. D'un développement presque autogéré au début des années 1960 avec un rôle prépondérant affecté à l'État dans la définition des politiques de développement, on est passé, à partir des décennies 1970-1980, à une prolifération de théories et de méthodes où des acteurs de plus en plus nombreux prennent part au processus et tout cela sous la bannière des institutions financières internationales. La mondialisation qui s'est imposée dans plusieurs pays en développement a tendance à les uniformiser, au-delà du modèle économique libéral dominant, dans plusieurs autres secteurs. La domination exercée au niveau international par des acteurs supra

---

41 Nous trouvons, en effet, arbitraire le fait d'appliquer systématiquement cette méthode à tous les types de projets de développement. Les milieux et contextes sont tellement différents et nous pensons que cette seule méthode ne puisse être la panacée pour réussir un projet de développement.

42 Anonyme: *La gestion du cycle de projet: encore une lubie?*, Helpdesk CGP, DG 8, Union Européenne, Bruxelles, 1993.

nationaux ainsi que la mise en avant de leurs modèles « universels » de développement ont fini par créer une sorte de complexe théorique et méthodologique qui sert de référence à toute action. L'importation de ce modèle de développement d'inspiration libérale dans les univers locaux est aujourd'hui indexée comme l'un des principaux obstacles à l'épanouissement de ces sociétés parce que non-conformes aux réalités sociales. L'exemple des centres urbains du Tiers-Monde caractérisés, dans la majeure partie des cas, par une croissance démographique exponentielle, par une pauvreté grandissante et le développement de l'informel comme stratégie de survie, entre autres, démontre l'échec des politiques de développement jusque-là entreprises pour trouver des solutions face à ces problèmes. Leur « saupoudrage » de nouveaux concepts censés ajouter au processus des dimensions et acteurs longtemps omis, n'ont pas suffi à revoir au fond la manière de reformuler les stratégies mises en place. Serge Latouche parle de « développement à particule » en faisant référence à cette refonte permanente du concept et des politiques de développement :

> *« En accolant un adjectif au concept de développement, il ne s'agit pas vraiment de remettre en question l'accumulation capitaliste. Tout au plus songe-t-on à adjoindre à la croissance économique un volet social comme on a pu naguère lui ajouter une dimension culturelle, et aujourd'hui une composante écologique*[43]*. »*

La réalité reste donc une poursuite des politiques néolibérales d'accumulation et de domination du capital amorcée réellement depuis la mise en place des institutions organisatrices majeures à savoir principalement la Banque Mondiale et le Fonds Monétaire International au sortir de la

---

43 Latouche Serge: *Survivre au développement. De la décolonisation de l'imaginaire économique à la construction d'une société alternative,* Éditions des Mille et Une Nuits, 2004, page 32.

deuxième guerre mondiale. La mainmise qu'elles ont eue sur le déroulement du processus de développement à partir des années 1980 a fini par imposer un modèle qui fait loi dans tous les pays en développement particulièrement et dans tous les secteurs de la vie économique et sociale.

BIBLIOGRAPHIE

ACHARYA, Amitav. « Mondialisation et Souveraineté : une réévaluation de leur lien ». *Revue Internationale de politique comparée*, vol. 8, n°3, 2001. pp. 383-394.

ARGAL, Von Michel Angel. « Le rôle du partenariat dans le processus de la santé pour tous vu par les organisations non gouvernementales ». Bulletin du Médicus Mundi Schweiz, n° 71, déc.1998.

ASCHER, François. « La république contre la ville. Essai sur l'avenir de la France urbaine ». *Les cahiers millénaires,* n°9, 1998. pp. 45-52.

ATKINSON, Rowan. « Les aléas de la participation des habitants à la gouvernance urbaine en Europe ». *Les Annales de la Recherche Urbaine,* n° 80-8, 1998. pp. 75-83.

BAYARD, Jean François. *L'État en Afrique : la politique du ventre*. Paris : Fayard, 1989. 439 p.

BERNOUX, Philippe. *La sociologie des organisations*. Paris : Seuil, 1985. 373 p.

DE MARET Pierre, PONCELET Marc (éds.). *Les associations urbaines en Afrique subsaharienne : types, fonctionnement et initiative en matière de développement, études de cas à Cotonou (Bénin), Lubumbashi (RDC) et Yaoundé (Cameroun)*, Université de Liège, Belgique, 1999. 100 p.

DIOP Momar Coumba, DIOUF Mamadou. « Pouvoir central et pouvoir local : la crise de l'institution municipale au Sénégal » *Pouvoirs et Cités d'Afrique noire : Décentralisations en questions.* Paris : Éditions Karthala, 1993. 308 p.

GUÉNEAU Marie-Christine, BEAUDOUX Etienne (éds.). *Guide méthodologique : l'évaluation, un outil au service de l'action*, Fonds pour la promotion des études préalables, études transversales, évaluations, 1996. 74 p.

GUÈYE, Babacar. Où va la participation. Expériences de l'Afrique de l'Ouest francophone. London : IIED, 1999. 64 p.

JAGLIN, Sylvy. « La participation au service du néolibéralisme ? Les usagers dans les services d'eau en Afrique subsaharienne ». *Gestion de proximité et démocratie participative : une perspective comparative.* Paris : La Découverte, 2005.

LATOUCHE, Serge. *Survivre au développement. De la décolonisation de l'imaginaire économique à la construction d'une société alternative.* Paris : Éditions des Mille et Une Nuits, 2004.

LAURENT Pierre-Joseph, PEEMANS Jean-Philippe. « Les dimensions socio-économiques du développement local en Afrique au Sud du Sahara : quelles stratégies pour quels acteurs ? ». *Les dimensions sociales et économiques du développement local et la décentralisation en Afrique au Sud du Sahara.* Bulletin de l'APAD, n° 15, mai 1998.

LE ROY, Étienne. « Gouvernance et Décentralisation ou le dilemme de la légitimité dans la réforme de l'État africain de la fin du 20ème siècle ». *Les avatars de l'État en Afrique.* Paris : Karthala, 1997.

ORI, Boizo. « Crise, gestion municipale et participation populaire ou jeux de pouvoir dans la ville ». *Le modèle ivoirien en questions : crises, ajustements, recomposition.* Paris : Éditions Karthala, 1997. 800 p.

PAQUOT, Élisabeth. « Regards sur la culture développementiste : représentations et effets non intentionnelles ». *Direction scientifique GRET, Document de travail,* n° 20, Février 2000.

PIROTTE, Gautier. « La notion de société civile dans les politiques et pratiques du développement ». *Revue de la régulation*, n° 7, 1er Semestre 2010.

SMITH Gordon, NAIMA Moises. *Des État remaniés : Mondialisation, Souveraineté et Gouvernance*. Éditions CRDI, Ottawa, 2000. 110 p.

SIROËN, Jean-Marc. « L'État-nation survivra-t-il à la mondialisation ? ». *La question politique en économie internationale*. Paris : La Découverte, 2006. 320 p.

REPENSER LA DÉCENTRALISATION DANS SON RAPPORT AU DÉVELOPPEMENT LOCAL : POUR UNE ÉMERGENCE POLITIQUE DU QUARTIER

Omar Diop[44]

Les États, dans leur évolution historique, ont toujours cherché à trouver la meilleure formule d'administration pour réaliser le « bonheur »[45] des individus vivant sous leur autorité ; ce « bonheur » étant perçu, dans son acception idéal-typique, comme le plein épanouissement et la réalisation de ceux-ci dans tous les aspects de leur existence. Cet idéal qui peut paraître de toute évidence comme une utopie n'en constitue pas moins le sens de toute action de développement ; pour dire donc qu'il n'y a point de développement qui n'ait pour finalité l'épanouissement des hommes.

---

44 Omar DIOP est docteur en Anthropologie et Sociologie du politique et du développement. Il a consacré une part importante de ses travaux à l'analyse des problématiques de développement en Afrique, notamment à travers les perspectives de la Décentralisation et du Développement local. Il est par ailleurs sociologue des Organisations ; ce qui explique en grande partie les croisements bien perceptibles dans ses productions entre problématiques institutionnelles/organisationnelles et développement économique et social. Il est fondateur du cabinet d'études en sciences humaines SCORPIUS CONSEIL.

45 Formule volontairement ironique.

Aujourd'hui, la nécessité du développement[46] se fait sentir plus que jamais. Il devient une exigence de la dignité humaine. Dans un monde déjà bien mal en point, l'exclusion sociale, les disparités incommensurables entre régions du Nord et celles du Sud, l'écart de plus en plus grand entre riches et pauvres, sans parler des maladies de toutes sortes qui surgissent et de la détérioration de notre environnement naturel, finissent de faire penser le développement comme une exigence morale, un moyen de rendre à l'homme sa dignité bafouée en plusieurs endroits du globe.

C'est à cette tâche que se sont attelé - avec plus ou moins de volontarisme - la plupart des État connus. Cependant, si certains font des avancées notoires, d'autres, en revanche, pataugent toujours dans des difficultés indescriptibles. C'est le cas de la majorité des pays d'Afrique subsaharienne qui s'enlisent de jour en jour.

Depuis plus de cinquante années, les « recettes » appliquées par ces derniers sur recommandation d'institutions internationales « savantes » ont lamentablement échoué[47]. Les politiques initiées dans bien des domaines ont montré leurs limites, plongeant ces pays parfois dans des situations très difficiles, si bien qu'aujourd'hui, l'heure est à la réinterrogation.

Le Sénégal, en ce qui le concerne, s'est résolument engagé dans une dynamique de développement à la base. Ayant pris conscience des méfaits du développement dirigé, les autorités politiques et administratives ont initié un ambitieux mouvement de décentralisation territoriale en 1996, en accordant aux collectivités locales (régions,

46 Nous n'ignorons pas toutes les controverses et querelles de significations qui tournent autour de cette notion. Nous avons fait le choix de ne pas nous y appesantir dans cette contribution. Cela pourrait faire l'objet d'une autre publication.

47 Cf. les rapports annuels de la Banque Mondiale et du PNUD.

communes, communautés rurales) une personnalité juridique et en leur déléguant la responsabilité d'initier des actions de développement et de les promouvoir. Par ce fait, et dans cette perspective, il a été attendu des populations qu'elles puissent se prendre en charge et participer pleinement à l'effort déjà entrepris.

Ce changement d'orientation qui a suscité beaucoup d'espoir à ses débuts, n'a pas manqué, très vite, de se heurter à certaines velléités de résistances conscientes ou inconscientes. Une nouvelle échelle d'analyse des faits politiques au sens classique du terme était apparue, à savoir le local. Des acteurs différenciés avec des ressources propres allaient devoir intervenir dans des organisations sociales, et cette intervention a créé une sorte d'arène politique où ces acteurs interagissent en vue de l'appropriation et/ou de la destination de ressources ou de valeurs.

Ces nouveaux champs qui ont surgi du fait de la constitution des collectivités locales, allaient être le théâtre de relations de pouvoir, d'influence et d'autorité entre divers acteurs aux logiques tantôt identiques, tantôt complémentaires ou parfois carrément opposées. Au-delà de l'apparente coopération des acteurs, grouille une lutte sourde d'intérêts particuliers qu'il s'agit de mettre à nu pour que soient davantage compris les mécanismes de production de l'action locale.

Tous les analystes aujourd'hui s'accordent pour dire que les objectifs poursuivis à travers la mise en œuvre de la décentralisation au Sénégal n'ont pas été atteints. L'État lui-même a avoué cet échec à travers l'élaboration d'un document intitulé PNDL (programme national de développement local) dans lequel il définit de nouvelles orientations pour corriger les distorsions qui ont été observées. Dans ce document on peut clairement lire :

Plusieurs études ont mis en évidence des faiblesses et des contraintes qui limitent sérieusement le processus de responsabilisation et de participation des acteurs locaux à la promotion efficace du développement local. En effet, les avancées institutionnelles induites par la politique de décentralisation n'ont pas eu les impacts attendus en matière de développement économique local. Les conclusions et recommandations des études et réflexions font état d'une faible synergie entre les différents acteurs : État, collectivités locales (CL), société civile et secteur privé.[48]

Compte tenu de tout ce qui précède, on peut légitimement se poser la question suivante : Pourquoi cela n'a-t-il pas fonctionné ?

Des réponses nombreuses ont été apportées à la question, chacune mettant en exergue un facteur particulier. C'est ainsi que, sommairement, pour :

- Les personnels des collectivités locales : cela n'a pas fonctionné parce que l'État n'a pas mis assez de moyens pour accompagner la réforme.

- Certains analystes : cela n'a pas donné les résultats escomptés parce qu'il y a eu très peu de prise en compte des réalités socioculturelles des populations locales, une absence de dialogue, de concertation et de participation de ces mêmes populations.

- L'État : L'État reconnaît pour sa part des erreurs de cadrage et de suivi de la réforme.

- Les ONG : Les ONG, quant à elles, déplorent un manque de volonté politique des autorités étatiques et locales, ainsi qu'une forme d'incurie les touchant sur certaines questions, notamment, économiques et financières.

[48] Gouvernement du Sénégal, *Programme national de développement local*, document technique, 2006, p.5.

Pour notre part, nous estimons qu'en plus des raisons exposées et qui sont plus ou moins vraies, s'ajoute une qui a été souvent négligée, à savoir que les populations locales sont porteuses de dynamiques qui s'accommodent mal avec les cadres dans lesquels on veut les intégrer ainsi que les modalités selon lesquelles on veut les faire agir. Dans cette inadéquation, ce ne sont pas les dynamiques, valeurs et comportements des populations qu'il faut disqualifier, mais plutôt les cadres artificiels dans lesquels on veut les faire intervenir.

Notre réponse à la question posée plus haut est donc : La réforme décentralisatrice au Sénégal n'a pas donné les résultats escomptés parce que les populations locales sont porteuses de dynamiques qui s'accommodent mal avec les cadres de dialogue et de participation définis ainsi que les modalités selon lesquelles on veut les faire agir.

Nous avons apporté plusieurs illustrations à l'appui de cette thèse dans d'autres cadres ou contextes[49], mais dans cette contribution, nous en mettons en exergue une qui nous parait parmi les plus fondamentales. Nous soutenons en effet l'idée selon laquelle le quartier est le niveau le plus pertinent pour impulser des actions de développement, et non la commune ou la région ou toute autre division territoriale. Le quartier présente une plus forte cohésion des habitants. On a une dimension presque de communauté, les habitants se connaissant quasiment tous les uns les autres, partageant un même cadre de vie, et confrontés aux mêmes défis. Un esprit de corps les traverse, et ils sont unis par des liens de solidarité qui sont utiles dans la perspective

[49] Principalement dans notre thèse de Doctorat en Anthropologie et sociologie du Politique et du développement portant sur le sujet suivant : « *État, Décentralisation, et Populations : Analyse des capacités développantes des collectivités locales. L'exemple de la commune de Thiès* », soutenue à l'Université Paris 8 Vincennes-Saint Denis.

d'actions collectives pour améliorer leurs conditions d'existence. Le quartier est également le niveau où l'impact des actions entreprises est le plus visible et le plus facilement évaluable. En dernier, la forte identification des habitants à ce périmètre géographique, riche aussi de toute une histoire, fait que les actions à initier peuvent avoir davantage de chances de succès.

Dans la perspective de la mise en œuvre de la décentralisation et de la poursuite de l'objectif de développement local, les populations ont été présentées à juste titre comme la pierre angulaire de la réforme. Si les autorités dirigeantes admettent aujourd'hui sans trop de difficultés qu'il reste beaucoup à faire pour leur participation dans les domaines politique et économique, elles se montrent plutôt dithyrambiques sur ce qu'elles nomment la société civile et ses engagements citoyens. Ce terme générique et fourre-tout (société civile) a constitué le principal élément d'aveuglement des politiques publiques, mettant davantage l'accent sur l'abstrait plutôt que le concret. Si l'on veut être efficace, la réalité des populations doit être saisie dans ses manifestations les plus palpables, et non à travers une conceptualisation abstraite, une nébuleuse dans laquelle, bien souvent, se joue le drame d'une « usurpation » de la légitimité populaire par des organisations qui s'en réclament, et qui en fait, ne sont bien souvent que des espaces investis par d'anciens hommes politiques ou assimilés, pour tirer des avantages qu'il n'est pas difficile d'imaginer. Analysons dans le détail cet espace politique qu'est le quartier.

I. LE QUARTIER COMME UNITÉ FONCTIONNELLE D'IMPULSION DES ACTIONS DE DÉVELOPPEMENT

Le quartier est une délimitation territoriale reconnue par l'administration. En vertu du décret 67-1249 du 15 novembre 1967, les communes peuvent être divisées en quartiers. Ceux-ci sont créés par délibération du conseil municipal, approuvée par le Ministre de l'Intérieur. La plus petite échelle de regroupement interpersonnel est le quartier. C'est le niveau spatial d'une identité d'autant plus forte que tous les acteurs se connaissent et se reconnaissent. Ils partagent les mêmes équipements et ressentent les mêmes nuisances.

C'est le premier niveau de la sociabilité, si l'on excepte la famille, celui des rencontres fortuites mais inévitables. Le quartier ne devrait-il pas être le premier maillon des entités politiques de la décentralisation et son délégué ou représentant, l'acteur de base dans l'échiquier de la représentation des populations au sein des entités territoriales créées ? Plusieurs facteurs militent pour cela :

- **Le quartier, unité résidentielle et de cohésion sociale**

Le quartier définit une communauté où tout le monde se connaît et entretient des rapports très étroits. Cette proximité dans les rapports et les échanges produit une certaine forme d'homogénéité, mais surtout d'identification. Cela crée un sentiment d'appartenance fort. Les différentes cérémonies qui ont parfois lieu (baptême, mariages, décès...) permettent de jauger la qualité des rapports de solidarité que les familles entretiennent entre elles.

L'existence de ce bloc social plus ou moins homogène est une chance dont il faut se saisir pour en faire un des ressorts principaux de l'action collective. Des rapports trop distendus entre individus, les plongeant parfois dans une certaine forme de collaboration anonyme ne nous paraît pas être un gage d'efficacité. Il n'est que de voir l'attachement que les populations accordent à leurs quartiers à l'occasion des navétanes[50] pour se rendre compte que l'identification

[50] Compétitions sportives inter quartiers qui ont lieu pendant la période de l'hivernage ; d'où son nom. *Navet* en wolof signifie hivernage. Il

au quartier est si forte qu'on peut en tirer beaucoup de bénéfices. Les jeunes, les femmes et les enfants se mobilisent en masse durant ces compétitions sportives, partageant l'amour du quartier et de leur équipe ; ce qui peut les amener quelquefois, dans des cas extrêmes et déplorables à user collectivement de violence contre d'autres supporters d'autres équipes. Tout cela témoigne de la constitution des habitants d'un quartier en collectivité identifiable et ayant sa cohésion interne.

- Le quartier, unité d'assistance sociale

Le premier niveau de la solidarité nationale s'observe avec la solidarité dans les quartiers où les familles les plus aisées assistent celles qui sont plus démunies. Il n'est pas rare de voir des ménages qui, après le diner, préparent discrètement un couvert garni à l'intention de ménages plus pauvres. Cette pratique se raréfie de plus en plus en raison de la crise économique qui s'étend, mais n'a - bien heureusement - pas complètement disparu.

Dans chaque quartier on connaît plus ou moins précisément les ménages en difficulté et la nature de leurs besoins. Ces informations peuvent d'ailleurs être obtenues très aisément grâce au concours des délégués de quartier ou des responsables d'associations locales. Tous les quartiers n'étant pas dans la même situation d'urgence, les autorités politiques auraient alors la possibilité de traiter les cas qui présentent le plus d'acuité, suite aux informations qu'elles auront recueillies assez rapidement par les canaux précités.

Si les fonctions du délégué de quartier[51] sont élargies et soutenues, alors celui-ci pourrait se présenter comme un

s'agit le plus souvent de championnat de football où chaque quartier dispose de sa propre équipe constituée de jeunes du quartier.

[51] Le délégué de quartier pourrait aussi être remplacé par une autre figure à créer et qui peut être élue démocratiquement et non nommée.

observatoire des situations d'urgence. Grâce aux alertes qu'il émettra, la municipalité pourrait réagir avec diligence et parcimonie, compte tenu de ses ressources propres et de celles disponibles grâce au secours de ses partenaires au développement. L'intervention des ONG en serait théoriquement davantage facilitée.

- Le quartier, unité d'animation sportive et culturelle

Dans les quartiers, existent depuis assez longtemps, ce que l'on appelle des ASC (Association sportive et culturelle). Ces dernières travaillent malheureusement assez peu (3 mois/an) et se focalisent souvent sur le volet sportif de leur activité, en l'occurrence le football, en raison de l'existence d'un championnat inter quartiers dans cette discipline. Avec des moyens supplémentaires on devrait pouvoir permettre à ces associations d'être plus dynamiques et de développer notamment le volet culturel en y intégrant diverses activités dont, entre autres, le théâtre ou d'autres activités d'éveil.

Le développement d'activités sportives et culturelles pourrait être un bon moyen de récupérer les enfants qui sont en dehors du circuit scolaire et de les prémunir contre la délinquance ou autres dangers qui les guettent, de développer la créativité des individus et de favoriser une émulation collective des énergies. Des exemples existent où dans certains quartiers, des sessions de cours de vacances étaient organisées par l'ASC pour permettre aux enfants en difficulté sur le plan scolaire de combler leurs lacunes. Mais ces initiatives, comme indiqué plus haut, ne survivent pas à la fin de l'hivernage.

- Le quartier, unité de gestion environnementale

Il existe des exemples précis de quartiers qui ont su s'organiser pour résoudre des problèmes liés à leur cadre de vie. Que ce soit en matière d'évacuation des eaux usées ou des eaux de pluies stagnantes, du ramassage des ordures ménagères ou de reboisement, des quartiers, par l'entremise de leur ASC, ont démontré tout leur dynamisme et leur savoir-faire pour assainir leur environnement. À Randoulène Nord, Hersent, Thialy[52] et dans d'autres quartiers, des opérations de set-setal (littéralement, être propre et rendre propre) sont organisées quasiment chaque année pour rendre leur cadre de vie agréable. Ces opérations peuvent concerner le ramassage des ordures ménagères, le dégagement des eaux usées stagnantes, la plantation d'arbres pour un quartier vert, etc.

Des exemples de ce genre pourraient être encouragés et appuyés. Le premier niveau de la gestion efficace des questions environnementales pourrait donc être le quartier, car en agissant ainsi, les populations locales posent les jalons d'un rapport responsable à leur cadre de vie.

- Le quartier, unité d'impulsion économique

Aujourd'hui, naissent un peu partout des G.I.E (Groupement d'intérêt économique) qui, malheureusement, périclitent au bout de quelques années. La volonté de production existe, mais l'encadrement fait souvent défaut. Il serait intéressant qu'au niveau du quartier les initiatives économiques soient davantage encadrées. Des G.I.E de quartier pourraient exister avec pour but d'organiser les femmes, les jeunes, les chômeurs et autres catégories sociales en difficulté afin de leur permettre d'avoir une activité économique, d'avoir accès au micro crédit, de se constituer une épargne, etc. Rien n'obligera les individus à rester dans les G.I.E s'ils ont envie de poursuivre une aventure individuelle.

Un cas original a été observé concernant la gestion des questions de sécurité par les jeunes dans certains quartiers. Des groupes de jeunes, sans emploi pour la plupart,

[52] Des quartiers se situant dans la commune de Thiès.

assurent des rondes nocturnes régulières afin de prévenir les cambriolages et autres formes de délinquance pouvant porter atteinte aux personnes et à leurs biens, moyennant une participation financière modique de chaque foyer.

Des actions de ce genre pallient les manquements de la police municipale sans toutefois la remplacer. Elles assurent en même temps un service d'utilité publique, mais surtout, permettent à ces jeunes désœuvrés de se faire des revenus certes modiques, mais utiles tout de même.

Nous avons le sentiment que les actions de sensibilisation concernant par exemple le paludisme ou le Sida ou toute autre question, seraient plus efficaces si elles se focalisaient sur les quartiers et cherchaient des relais valables pour entretenir les discussions et les échanges. Mieux encore, les quartiers ont la possibilité de se rendre autonomes dans plusieurs pans de l'économie locale.

II. LE QUARTIER, CADRE D'EXPÉRIMENTATION D'UNE ÉCONOMIE SOCIALE

Nous allons illustrer notre propos par des exemples recueillis auprès de trois quartiers historiques de Thiès : Diamaguène, Randoulène Nord, et Randoulène Sud. Ce sont trois quartiers relativement anciens et très hétérogènes sur le plan de la composition ethnique, religieuse, et des statuts socio-économiques. A partir de quatre indicateurs majeurs qui nous paraissent suffisamment révélateurs, nous allons retracer les processus qui permettent au quartier de se montrer relativement autonome ou autosuffisant dans certains domaines. Et dans ceux où cette autosuffisance est lacunaire, montrer les stratégies mises en œuvre pour corriger les distorsions. Ces quatre indicateurs sont : la production alimentaire, l'éducation des enfants, la sécurité, la formation professionnelle des jeunes.

Tableau 1 : Données générales sur les quartiers Randoulène Nord, Randoulène Sud et Diamaguène

	Randoulène Nord	Randoulène Sud	Diamaguène
Superficie	44 ha	62 ha	55 ha
Habitants	7567	7157	9278
Densité	172 hts/ha	115 hts/ha	169 hts/ha

Source : Mairie de Thiès (2006) : Commune de Thiès : réalités et perspectives.

II.1 La production alimentaire

II.1-1 La production fruitière et légumière

Nous avons essayé de faire le point sur la production fruitière et légumière dans les quartiers de Randoulène Nord, Randoulène Sud et Diamaguène. Il n'existe pas de données chiffrées dans ce domaine, et aucune étude n'a été réalisée antérieurement pour appréhender le niveau de la production alimentaire dans les quartiers urbains. Nous avons donc dû réaliser un recensement certes incomplet, mais que nous avons complété par des entretiens avec des habitants pour avoir une idée plus précise de notre objet. Dans chaque quartier nous avons choisi un certain nombre de rues et effectué un recensement des arbres fruitiers plantés dans les maisons. Une centaine de concessions ont été investiguées dans chaque quartier. Il est à noter que dans les quartiers à Thiès, on a toujours trouvé de nombreux arbres fruitiers et des potagers. Il en a toujours été ainsi selon les plus anciens des habitants qu'on a interrogés. Cette situation s'explique par la conjonction d'un certain nombre de facteurs :

Les larges superficies des maisons. En effet, c'est un des privilèges des habitants de ces quartiers historiques que d'occuper de grandes maisons acquises pour l'essentiel à une époque - jusqu'au début des années 80 - où les terrains ne coûtaient pas cher, et qu'un ouvrier cheminot par exemple ou un chauffeur de taxi pouvaient se payer sans crédit un terrain de 300 m2 (correspondant en moyenne à la surface des maisons observées).

L'existence de puits dans bon nombre de concessions et le faible coût du m3 de l'eau pour ceux qui avaient accès à l'eau fournie par la compagnie nationale des eaux étaient un avantage certain. Ces puits ont permis de pouvoir arroser à moindre frais les nombreux arbres fruitiers, et pour certains, de pouvoir entretenir des potagers où on pouvait trouver des salades, tomates, navets, carottes, haricots verts, oignons, etc.

La situation a quelque peu évolué dans le sens d'une diminution des quantités de production à partir du milieu des années 80. Cela est principalement dû au fait que l'eau coûte excessivement cher aujourd'hui, et les ménages ont de plus en plus de mal à faire face aux factures d'eau correspondant à la consommation aux seules fins domestiques.

Il faut aussi souligner qu'une réglementation très stricte a fait disparaître quasiment tous les puits qui existaient en zone urbaine, car il fallait encourager le raccordement de toutes les concessions au réseau de distribution officiel. Du coup, l'eau qui servait à entretenir les potagers ou à faire grandir les arbres fruitiers est économisée compte tenu du coût exorbitant du m3. Ensuite, certains ménages, sous le prétexte d'une prétendue modernisation de leur habitat ont fait construire de nouveaux bâtiments ou, à tout le moins, ont dallé les énormes espaces dont ils disposaient au détriment des arbres fruitiers et des potagers.

Malgré tout, la situation n'est pas désastreuse. On peut encore dénombrer de nombreux arbres fruitiers et quelques potagers dans les quartiers. Nous avons dénombré le nombre de concessions avec des arbres fruitiers dans les portions de rues sur lesquelles nous nous sommes focalisés. Nous rappelons que la longueur totale des portions de rues retenues dans chaque quartier n'excède pas un kilomètre, et concerne entre cinquante et soixante concessions choisies aléatoirement. La situation se présente comme suit :

Tableau 2 : Répartition des arbres fruitiers selon les concessions

	Diamaguène	Randou-lène nord	Randou-lène sud	Total
Arbres fruitiers	43	35	41	119
Sans arbres fruitiers	18	15	13	46
Total	61	50	54	165

Source : Enquête DIOP (2009)

Nous voyons qu'une majorité de concessions continue de faire vivre la culture fruitière ; ce qui est plutôt une bonne chose si l'on considère le pouvoir d'achat très bas des populations qui, de ce fait, n'ont pas beaucoup accès aux fruits importés (bananes, pommes, oranges du Maroc, etc.). La consommation des populations est constituée pour l'essentiel des fruits provenant de la culture domestique, mais aussi du voisinage. Il peut s'instaurer une forme de troc entre voisins. Des femmes au foyer se livrent à un petit commerce, par le biais d'étals judicieusement installés devant chez elles, à des prix très attractifs vu les faibles coûts de production. Cette vente occasionne des revenus d'appoint permettant « d'améliorer l'ordinaire ». Les principaux fruits vendus sont : mangue, goyave, corossol, papaye, banane, grenade, rône, citron… Il n'est pas nécessaire ici de rappeler leurs valeurs nutritives ni leurs vertus sur un plan sanitaire. Une diversité de l'offre donc (beaucoup moins importante qu'elle ne le fut il y a une quinzaine d'années) avec des prix des plus intéressants. Le kilo de mangues par exemple peut se négocier parfois autour de 300 FCFA (environ 45 cts d'euro), celui du citron tourne autour de 200 FCFA (30 cts d'euro). Les plus chers sont la sapotille, le corossol et le rône qui sont aussi les plus rares. Leurs prix sont respectivement de 350 FCFA (55cts d'euro), 300 FCFA (45 cts d'euro), et 250 FCFA (37 cts d'euro). Les prix sont fixés librement.

En plus des arbres fruitiers, certains ménages développent des potagers ; ce qui leur permet non seulement de disposer de légumes variés pour leur consommation propre, mais aussi de pouvoir vendre le surplus au voisinage – Il est toujours intéressant d'avoir des revenus d'appoint en contexte de pauvreté -. Le nombre de potagers a fortement baissé depuis ces dernières années en raison du fait que c'est une activité très consommatrice en eau. Le coût de cette ressource, conjugué à l'interdiction des puits domestiques rend l'activité moins intéressante.

Aujourd'hui, tout porte à croire que les potagers sont appelés dans un futur proche à disparaître, et les arbres fruitiers dans les quartiers urbains suivront cette même tendance sous les effets conjugués de la cherté de l'eau, mais aussi des difficultés de la vie qui font que de plus en plus de ménages se sentent parfois obligés de vendre une partie de leur concession pour en faire de nouvelles demeures. Du coup, la surface des maisons s'amenuise, sapant ainsi les chances de conservation des arbres. Ces tendances vont très certainement continuer encore un bon moment dans la mesure où la spéculation foncière est devenue très en vogue et fait céder jusqu'aux amoureux transis de la nature qui, pour quelques centaines de milliers de francs, sont disposés, à « contrecœur », à laisser ébranler leurs convictions.

II.1-2 L'élevage domestique

L'élevage domestique est une pratique très ancienne au Sénégal, et plus particulièrement à Thiès, en raison des mêmes avantages que possèdent les concessions quant à la production fruitière. L'élevage domestique a deux buts principalement : la consommation domestique et la revente. On pourrait y ajouter un troisième but que nous nommerons l'élevage sentimental, consistant à élever des espèces animales juste pour la beauté de la race des spécimens. Mais ce dernier cas de figure est assez marginal.

Les espèces élevées sont assez variées et concernent des volailles, des ovins, caprins, porcins principalement. Dans l'échantillon de concessions que nous avons retenu, ils se répartissent ainsi :

Tableau 3 : Répartition des espèces animales par nombre de têtes selon le quartier.

	Ovins	Caprins	Porcins	Lapins	Poulets	Pigeons	Dindes	Total
Diamaguène	19	6	11	7	22	12	7	84
Rand. Nord	24	4	14	4	38	0	5	89
Rand. Sud	17	0	0	16	28	26	3	90
Total	60	10	25	27	88	38	15	263

Source : Enquête DIOP (2009)

Notre propos n'est pas d'encourager l'élevage domestique à une grande échelle, surtout si l'on sait les problèmes sanitaires qu'il peut poser lorsqu'il est pratiqué en zone urbaine. Nous voulons simplement montrer comment les quartiers peuvent se montrer relativement autosuffisants dans bien des domaines, et à travers cette situation, identifier des éléments prometteurs pour la lutte contre les conséquences de la pauvreté.

Le tableau ci-dessus montre non seulement la variété des espèces, mais également l'importance de l'élevage domestique car, rappelons-le, ce ne sont pas toutes les concessions qui ont été investiguées, et malgré cela le nombre de têtes est relativement important. Avec le prix élevé du kilo de viande (1500 FCFA équivalents à 2,30 euros) l'élevage domestique offre la possibilité à certains ménages modestes de pouvoir consommer de la viande.

Certains élevages comme ceux de lapins, de poulets et de dindes ou de pigeons fournissent certains hôtels de la ville. Ces activités, en plus de nourrir leurs tenants, leur permettent également de s'assurer de revenus non négligeables dans un contexte où le chômage et la perte de pouvoir d'achat ont tendance à jeter les individus dans une pauvreté de plus en plus forte.

La taille des élevages est variable. L'élevage de porcins par exemple est l'apanage exclusif des ménages chrétiens, l'élevage de porcs étant interdit aux musulmans. Les élevages de porcins sont relativement importants si l'on considère le contexte de zone urbaine. Etant donné l'importance des portées des truies, c'est un élevage qui se développe très vite. Les têtes de porcs que nous avons comptabilisées dans notre tableau concernent par exemple deux élevages : Un avec 11 porcs, et un autre avec 14. Les propriétaires sont obligés de vendre vite pour ne pas être débordés. Pour nourrir ces bêtes, ils se fournissent gratuitement auprès du voisinage et récupèrent les restes des repas. D'ailleurs, ces restes de repas normalement destinés à la poubelle sont stockés dans une écuelle à l'intention des collecteurs de « Niamou Mbaam »[53].

[53] « *Niamu mbaam* » signifie littéralement *nourriture pour porc* et désigne les restes des repas stockés dans une écuelle.

C'est un élevage qui ne coûte pas cher et l'essentiel des débouchés est constitué par les autres familles chrétiennes du quartier ou d'ailleurs qui viennent s'approvisionner à l'occasion des fêtes comme Noël, Pâques, communion de jeunes chrétiens, confirmation, mariages, décès, etc. Une activité assez lucrative donc dans la mesure où les charges sont faibles, et les occasions de vendre nombreuses. Un éleveur nous a confié avoir vendu pour 560.000 FCFA (860 euros environ) l'année précédant notre enquête ; ce qui correspond grosso modo au salaire annuel d'un instituteur vacataire.

L'élevage de moutons ou de chèvres se situe à peu près dans la même veine que celui de porcs, sauf que ces derniers coûtent plus chers. Les éleveurs nourrissent leurs bêtes grâce aux jeunes du quartier qui, pour se faire un peu d'argent de poche, vont couper de l'herbe qui pousse pendant l'hivernage dans les zones périurbaines. Cette herbe est mise dans des sacs qu'ils vendent aux éleveurs au prix de 400 FCFA le sac (60 cts d'euro). Un système gagnant-gagnant qui fait que l'éleveur nourrit ses bêtes à moindre coût, et les jeunes gagnent de l'argent de poche que leurs parents ne peuvent pas toujours leur donner.

Les occasions de vente sont également plus rares, et les éleveurs domestiques subissent la concurrence des éleveurs ruraux qui proposent régulièrement leurs bêtes sur les marchés à des prix plus intéressants. C'est pour cette raison que les éleveurs domestiques se spécialisent de plus en plus dans l'élevage de variétés rares. Ils réalisent des croisements entre plusieurs races animales afin d'obtenir de nouvelles variétés plus grandes, au pelage plus beau ; et ces animaux de prestige sont destinés à être vendus aux personnalités en vue (marabouts, gouverneurs, hommes politiques, hommes d'affaires, etc.) Certains spécimens peuvent être vendus jusqu'à 1.000.000 FCFA l'unité (1524 euros).

Ce n'est pas la majorité des élevages qui pratique ce genre d'activité de prestige, mais c'est une tendance qui se développe. Dans notre échantillon, seul un élevage relève de ce type, mais il en existe davantage à l'échelle des quartiers.

II.1-3. Les échanges avec l'arrière-pays rural.

À Thiès, les relations entre la zone urbaine et celle rurale ou semi rurale est très forte et ancienne. Il y a une trentaine d'années environ la zone périurbaine comptait de nombreux étangs et marécages ; ce qui avait occasionné le développement d'une riziculture importante. Depuis, la ville s'est beaucoup élargie, les marécages ayant disparu, et avec elles, la riziculture. Néanmoins, l'arrière-pays est resté dynamique. Même s'il n'y a plus de culture locale du riz, il continue à se cultiver divers produits comme le mil, le maïs, le niébé[54], et l'arachide. Il existe cependant une spécialisation ethnique. Les sérères qui peuplent pour l'essentiel les secteurs sud et nord de la banlieue sont spécialisés dans la culture du mil et du maïs. L'élevage est le domaine réservé des Peuls qui occupent la partie ouest de la banlieue. Les ouolofs ont un profil plus généraliste, ils font un peu d'élevage et cultivent un peu de tout.

Les marchés sont les principales interfaces entre la ville et l'arrière-pays rural. C'est là que les habitants des quartiers urbains viennent s'approvisionner en céréales et autres condiments ou produits de base qu'ils n'auraient pas en culture chez eux ou dans leur voisinage. Les marchés offrent aujourd'hui un choix moins important qu'il y a quelques années du fait que les surfaces cultivables dans l'arrière-pays s'amenuisent en raison de l'avancée inexorable de la ville, mais aussi de la spéculation foncière

[54] Variété locale de haricot, assez semblable au haricot blanc, et qui peut être de couleur blanche ou brune.

qui font que les limites de la zone rurale ne cessent de reculer.

Les trois quartiers que nous avons pris en exemple ont tous à leur lisière un marché. Entre Randoulène Nord et Diamaguène on a le marché « Moussanté », entre Randoulène Nord et Randoulène Sud se trouve le marché « grand Thiès ». Randoulène Nord est aussi à quelques encablures du grand marché central. Ces marchés permettent aux populations de l'arrière-pays rural d'écouler leurs productions, mais aussi aux habitants des quartiers urbains de se fournir en produits bruts (mil, maïs, niébé...) ou transformés (couscous, farine de mil, farine de niébé...). Il existe aussi une sorte de « bourse des animaux » où on s'échange poulets, moutons, chèvres, œufs, etc.

Les marchés sont aussi l'occasion d'échanges inter quartiers urbains. Des habitants d'un quartier donné peuvent proposer leurs productions ou biens dont ils disposent au marché et ainsi recevoir la visite d'habitants d'autres quartiers. Les contacts peuvent se faire selon des modalités directes (à domicile) ou indirectes (via les marchés). Les échanges entre quartiers urbains et arrière-pays rural ne se limitent pas aux marchés. Fréquemment, à un rythme quasi quotidien, on voit des femmes originaires des villages environnants qui arpentent les rues des quartiers, calebasses sur la tête, pour vendre soit du mil, du couscous, ou du lait caillé (exclusivité des femmes peules).

Nous n'avons pas d'indications chiffrées sur le volume des échanges entre la ville et son arrière-pays, mais toujours est-il que la zone rurale arrive encore à nourrir la ville même si on ne sait pas pour combien de temps encore. Certaines années de sécheresse, il peut arriver qu'il y ait moins de disponibilité pour un produit ou un autre, mais rien qui bouleverse au fond les habitudes alimentaires des populations. Les échanges entre ville et arrière-pays ne se limitent pas au seul domaine alimentaire. En dehors des périodes d'hivernage, certaines jeunes filles se rendent dans les villes pour proposer leurs services en tant qu'aides domestiques. C'est de la main d'œuvre bon marché pour les ménages un peu aisés qui se paient ainsi les services de jeunes filles dont le travail va consister principalement à aller faire les courses au marché, préparer le repas, faire le ménage de la maison, faire la toilette des enfants s'il y a lieu, faire la vaisselle, etc.

C'est un travail qui soulève de nombreuses polémiques dans la mesure où il n'existe pas de contrat de travail, pas de jours de congés prévus, les horaires sont très flexibles au désavantage souvent des jeunes filles, sans parler de la rémunération qui dépasse rarement 15 000 FCFA (23 euros environ) par mois. Nous y reviendrons un peu plus loin.

II.2 L'éducation des enfants

En matière d'éducation formelle, les quartiers à Thiès ne sont pas mal lotis. Il existe plusieurs écoles publiques et privées au niveau du primaire qui sont partagées avec d'autres quartiers.

Les écoles ne sont pas exclusivement constituées d'élèves issus du quartier. D'ailleurs les écoles publiques sont toujours à la lisière de plusieurs quartiers et peuvent accueillir de 600 à 900 élèves. Les écoles privées ont en moyenne des capacités plus modestes. Les taux de déperdition scolaire sont assez importants, mais ce qui est intéressant ce sont certaines tentatives initiées par des ASC[55] notamment pendant les grandes vacances scolaires d'été pour organiser des cours de vacances afin d'apporter un soutien aux élèves ayant des difficultés. Ces tentatives pour le moment restent timides. Ce n'est qu'à Randoulène

---

[55] Association sportive et culturelle. Il arrive que les ASC dépassent le cadre du sport pour s'investir dans des actions citoyennes comme l'organisation de journées pour la propreté publique et l'hygiène, la sensibilisation sur le paludisme, etc.

Nord qu'on a noté les expériences les plus abouties dans ce sens, mais ces dernières étaient tributaires de la motivation et du dynamisme de l'équipe en place. Les ASC étant exclusivement constituées de bénévoles, dès que les équipes motivées laissent leur place, il arrive que les bonnes pratiques se perdent.

Ces initiatives ont l'avantage de montrer qu'avec de la bonne volonté et une mobilisation des forces civiles, il est possible de relever certains défis et obtenir des résultats significatifs, pour peu que les autorités locales veuillent bien accompagner le mouvement et l'encourager. Dans les villes comme Thiès, ce n'est pas la scolarisation des jeunes qui est un problème, c'est la déperdition scolaire. Les enfants ne restent pas longtemps car ils sont très peu encouragés dans ce sens et ne bénéficient pour la plupart d'aucun soutien pour faire leurs devoirs et s'améliorer.

À Randoulène Nord, les cours de vacances organisés par l'ASC avaient connu un vif succès. La première session avait eu lieu en 1999 et enregistrait la participation d'une cinquantaine d'élèves. Les parents étaient sollicités à hauteur de 500 FCFA (80 cts d'euro) par mois, et les cours s'étalaient entre août et septembre. La deuxième session qui eut lieu l'année suivante connut aussi un succès et les organisateurs ont dû solliciter l'autorisation d'utiliser certaines classes des écoles publiques environnantes pour tenir les cours. Les élèves étaient enthousiastes, semble-t-il. L'expérience s'arrêta net après la troisième session en 2001. Les organisateurs avaient quitté pour l'essentiel l'ASC pour raisons professionnelles, et la relève n'a pas été assurée.

En plus des cours de vacances, il était régulièrement organisé des « feux de camps » au cours desquels des troupes de jeunes rivalisaient de talent pour jouer des pièces de théâtre, raconter des histoires drôles ou exécuter des prestations artistiques diverses. Les répétitions de ces prestations prenaient un certain temps, et c'étaient plutôt des occupations saines qui permettaient aux enfants de travailler leur créativité plutôt que de verser dans la toute petite délinquance et le désœuvrement.

Ces activités ne coûtaient pas grand-chose sinon du temps et de l'énergie aux organisateurs, mais les initiatives étaient très localisées et pas assez pérennes. L'expérience à Randoulène Nord a montré des éléments prometteurs qui peuvent soutenir l'idée que le quartier est un échelon qui peut s'avérer pertinent pour s'attaquer au problème de l'échec scolaire. Il est vrai qu'entre 1999 et 2009 le coût de la vie a considérablement augmenté au Sénégal et que le prix d'un cahier ou d'un stylo n'est plus le même, et c'est peut-être dans ce sens que les autorités locales peuvent appuyer des initiatives de ce genre. Apporter un soutien logistique ou didactique ou au moins prêter quelques manuels qui peuvent servir de supports pour les cours.

Les écoles coraniques sont une alternative à l'école officielle. Elles n'ont pas de statut officiel mais sont quasiment des institutions dans les quartiers. On en trouve de moins en moins par rapport aux années précédentes du fait que les maîtres coraniques sont de moins en moins nombreux, le métier nourrissant moins son homme. Ce ne sont pas véritablement des écoles. C'est le plus souvent un maître coranique autoproclamé, habitant le voisinage, qui accueille des enfants de tous âges chez lui, précisément dans la cour de sa maison, pour leur enseigner le Coran. Certains jeunes commencent à fréquenter les écoles coraniques avant même d'aller à l'école. Dans ce cas précis l'école coranique fait plutôt office de crèche et permet de garder les enfants pendant que les mères vont au marché ou préparent le repas de midi.

Les écoles coraniques sont très diverses quant à leur taille et au sérieux de la formation. Si certaines sont relativement rigoureuses et donnent des résultats impressionnants (enfants de 7 ans maîtrisant la totalité des 114 chapitres du Coran, maîtrise de la langue arabe, etc.), d'autres par contre ne sont que des espaces de garderie où les enfants n'apprennent pas grand-chose. Dans ce dernier cas, l'école coranique présente l'avantage de garder les enfants et libérer un peu les parents, mais aussi de les empêcher de trainer dans le quartier et d'avoir de mauvaises fréquentations. Pour certains, l'école coranique continue malgré l'entrée à l'école « française ». Quand ils n'ont pas cours à l'école « française » c'est l'école coranique qui prend le relais.

En moyenne, chaque école coranique comprend une quinzaine d'élèves. Il faut aussi souligner que cette activité permet à certains de sortir du chômage et d'avoir des revenus réguliers même si c'est devenu moins rémunérateur qu'avant. Selon le sérieux de l'école et sa réputation, les élèves paient mensuellement de 500 FCFA (80 cts d'euro environ) à 3000 FCFA (4,57 euros). Ces écoles n'ont pas grand-chose à voir avec celles qu'on peut voir dans d'autres pays et qui peuvent distiller certaines idéologies politiques. Dans bien des cas, le qualificatif coranique concernant les écoles sénégalaises est davantage un alibi qui couvre une double réalité de garderie d'enfants et de revenus faciles pour le maître qui n'est tenu à aucun résultat.

A travers ces exemples, nous voyons qu'un cadre est déjà présent et qui peut être utilisé de façon plus rationnelle afin que les enfants qui les fréquentent aient davantage accès à la culture et à une instruction de qualité. Qu'il s'agisse des écoles citoyennes initiées par les ASC ou les écoles coraniques, ces modèles peuvent être promus en aidant à ce qu'il y ait davantage de contenu, et un contenu utile. Sur ce modèle, peuvent être promues des sortes d'école de la deuxième chance qui auraient pour ambition modeste de faire en sorte que les élèves qui quittent l'école officielle sans savoir lire ni écrire puissent y acquérir une alphabétisation effective, délestée de certaines matières pas forcément utiles à ce stade. Le quartier a démontré qu'il peut servir de cadre à cette expérimentation.

II.3 La sécurité

La sécurité est devenue un thème de discussion majeur dans certains quartiers. Thiès était réputé être une ville relativement tranquille ; les actes de délinquance étaient principalement confinés dans les gares routières, les marchés et tous les autres lieux où peuvent se former des attroupements. Les vols et autres actes de vandalisme aux domiciles des gens existaient, mais dans une proportion marginale. Depuis quelques années ces faits ont largement progressé et sont devenus un sujet de préoccupation pour les populations.

Parallèlement à ce phénomène, se sont développées des initiatives pour assurer la protection des domiciles et des biens qui s'y trouvent par les jeunes des quartiers concernés. Des jeunes entre 20 et 30 ans forment des groupes pour faire des rondes régulières dans leur quartier afin de dissuader les voleurs de commettre leurs forfaits dans les secteurs contrôlés. Ces rondes nocturnes ne sont pas permanentes. Ces « comités » de vigilance et de sécurité, comme ils se sont dénommés, se forment principalement à l'approche des grandes fêtes comme la Tabaski[56], la Korité[57], les fêtes de fin d'année, etc. À l'approche de ces fêtes, les ménages achètent des moutons, volailles et autres animaux qu'ils gardent chez eux en prévision des réjouissances à venir. C'étaient des occasions

[56] Nom sénégalais pour l'Aïd El Kébir, connu encore sous le nom de fête des moutons pour les musulmans. Fête au cours de laquelle des moutons sont sacrifiés par chaque ménage musulman dans un acte d'adoration.

[57] Nom sénégalais pour l'Aïd El Fitr, autre fête musulmane qui marque la fin du Ramadan, le carême musulman.

rêvées pour les voleurs qui, au fil des ans, étaient devenus plus violents et experts.

En 1997, on a noté la première expérience de rondes « citoyennes » à Randoulène nord. Les jeunes, qui se connaissent pratiquement tous, ont entrepris de diviser le quartier en secteurs et d'affecter un groupe à chaque secteur pour y faire des rondes régulières. Avant le début de leur service, ils passent dans chaque foyer pour demander une participation financière dont le montant est laissé à la discrétion de chaque chef de famille. Les sommes récoltées servent à acheter à manger et à boire, des cigarettes, et à se rémunérer. Pendant que certains sont préposés à la préparation des boissons (thé, café, etc.), d'autres font leurs rondes de façon plutôt visible et dissuasive. À la fin de leur ronde, ils rallient leurs autres camarades (ceux chargés de préparer les boissons qui les tiendront éveillés toute la nuit) qui vont les remplacer. Ainsi s'organisent les rondes, et plutôt avec succès. La participation financière des gens n'est pas obligatoire. Certains qui n'ont pas la possibilité de donner se font excuser et donneront la fois suivante. Et puis les jeunes qui font les rondes sont des fils, des neveux, cousins, en tous les cas des connaissances avec lesquelles il existe d'assez bons rapports. Cette qualité de rapport fait également que les étrangers au quartier sont assez vite repérés dans le cadre des rondes. Croiser un intrus à trois heures du matin dans le quartier attire forcément l'attention.

Quant à la rémunération des vigiles, elle n'est pas spécialement substantielle. Les ménages donnent en moyenne 100 FCFA (15 cts d'euros) par jour, et ces rondes durent généralement de 10 à 15 jours en fonction de l'importance de la fête à venir. Les groupes sont constitués à peu près d'une vingtaine d'éléments et le revenu moyen par élément sur une période tourne aux alentours de 5000 FCFA (7,62 euros). Cela permet de pouvoir satisfaire de petits besoins. Ce qui est intéressant dans ces initiatives ce n'est pas leur potentiel rémunérateur qui est plutôt faible, mais la démonstration que les populations peuvent prendre en charge leurs problèmes et les résoudre sans toujours attendre que les services de l'État ou des ONG viennent leur dire quoi faire et comment le faire. Ces opérations sont à corréler avec d'autres types d'opérations concernant l'hygiène et la salubrité publique. On les nomme opération *set settal* et visent principalement à évacuer les eaux usées stagnantes, à ramasser les ordures, etc. Le seul souci est que ce type d'opération n'est pas pérenne. Ce sont de bonnes idées qui, malheureusement, sont vite abandonnées ou ne sont pas renouvelées périodiquement. Une meilleure organisation permettrait d'exploiter ce potentiel pour améliorer durablement le cadre de vie dans les quartiers.

II.4. La formation professionnelle des jeunes

Dans le domaine de la formation professionnelle, les quartiers présentent de multiples avantages. Il existe plusieurs ateliers d'artisans chez qui les jeunes peuvent aller en apprentissage. L'entrée en apprentissage est assez facile ; elle se fait grâce aux relations entretenues par la famille du jeune et le chef d'atelier. L'apprentissage est gratuit, en revanche, le jeune en apprentissage est à la disposition exclusif de son formateur qui, bien souvent, peut commettre quelques abus (employer le jeune à d'autres tâches qui n'ont rien à voir avec l'apprentissage, le tabasser lorsqu'il fait des erreurs, aller faire des courses d'ordre privé pour le compte du patron, etc.). L'apprentissage n'est pas sanctionné par un diplôme et n'a pas de durée officielle. Sa durée varie selon les aptitudes de l'individu, mais aussi selon la volonté du maître formateur qui, très souvent, décide qu'un apprenti a les compétences nécessaires pour s'installer à son compte et ainsi le « libère ».

Les structures d'apprentissage sont assez nombreuses et sont implantées au sein même des quartiers où elles ont, pour la plupart, l'essentiel de leur clientèle. Elles présentent l'avantage d'être très variées et de toucher à plusieurs domaines. Certains domaines sont en perte de vitesse en raison de leur faible capacité rémunératrice, et donc, sont de moins en moins demandés par les jeunes apprentis. D'autres, par contre sont toujours très prisés et ouvrent des perspectives intéressantes, dans un contexte de chômage très difficile. Nous avons répertorié les structures professionnelles dans les quartiers. Il ne s'agit pas d'échantillons, mais d'un recensement le plus exhaustif possible. Nous avons obtenu les résultats suivants :

Tableau 4 : Répartition des structures professionnelles dans les quartiers

	Randoulène Nord	Randoulène Sud	Diamaguène	Total
Mécanique générale	9	8	12	29
Menuiserie bois	4	6	7	17
Menuiserie métallique	4	3	6	13
Cordonnerie	2	1	3	6
Bijouterie	2	3	4	9
Dépannage électronique	1	4	6	11
Ateliers couture	5	8	10	23
Coiffure pour dame	2	2	6	10
Tapisserie	1	0	3	4
Maçonnerie[1]	5	3	6	14
Électricité[2]	4	3	5	12
Total	39	36	68	148

Source : Enquête Diop (2009)

Cent quarante-huit (148) structures d'accueil pour trois (3) quartiers d'à peine 161 ha, ce n'est pas rien. C'est même relativement important. C'est d'ailleurs la raison pour laquelle ces structures n'accueillent pas que des jeunes issus de ces quartiers. On y retrouve également des jeunes provenant d'autres quartiers, parfois très éloignés. Il n'existe pas de priorité accordée aux jeunes du quartier. Tout dépend du besoin du maître formateur, des relations cordiales qu'il peut entretenir avec les parents de l'enfant, de la motivation du jeune à apprendre un nouveau métier, etc.

Les responsables de ces ateliers ne sont pas forcément issus du quartier. Certains se sont installés pour des raisons d'opportunité comme certains mécaniciens qui ont créé leur atelier près des grands axes routiers, mais avec le temps, ils nouent des relations avec les habitants qui font que, finalement, ils sont considérés comme des membres du quartier.

Trois cent quatre-vingt-neuf apprentis sont formés au sein des trois quartiers que nous avons retenus. C'est un chiffre relativement important, surtout si on le rapporte au vingt-cinq quartiers officiels de Thiès, sachant que ceux que nous avons retenus pour notre enquête ne sont ni les plus grands, ni les plus peuplés. Cela démontre le potentiel des quartiers dans la formation professionnelle des plus jeunes.

Nous ne savons pas combien de jeunes quittent ces ateliers de formation sans maîtriser leur métier. Aucune étude n'a été faite dans ce sens. En revanche, il semble qu'une majorité de jeunes formés acquièrent les compétences pouvant leur permettre d'exercer en toute autonomie, si l'on en croit des responsables d'ateliers.

Parmi les jeunes formés, tous ne s'installent pas à leur propre compte. En dehors de ceux qui partent dans le cadre de l'émigration internationale, il y a aussi d'autres qui se lancent dans d'autres activités (commerce généralement) jugées plus rentables et moins fatigantes. Mais l'apprentissage d'un métier ne leur aura pas été inutile car, au-delà de la maîtrise d'un métier, c'est surtout de l'acquisition d'une discipline qu'il est question. Dans ces ateliers, les jeunes, sortis trop tôt du système scolaire et provenant pour la plupart de familles en difficultés, apprennent le respect de l'autorité, la rigueur, la discipline, le sens du travail bien fait, acquièrent des habitudes de vie telles que se lever tôt, etc. Ce qui n'est jamais inutile dans la formation d'un homme.

Ce système de formation professionnelle n'est ni subventionné par les autorités politiques, ni aidé d'une quelconque autre manière alors qu'à l'échelle d'une ville comme Thiès, il mobilise environ deux mille apprentis, voire davantage. Le principal problème dans ce système c'est la durée de formation très longue. Certains entrent en formation parfois très tôt (vers 12-13 ans), juste à la sortie du primaire, et n'en sortent que vers 25 ans. En revanche, sur les dernières années de formation, ils ne sont plus véritablement considérés comme des apprentis. Ce sont en tant que tels des collaborateurs qui sont rémunérés et effectuent des tâches de professionnels ; le retard dans l'installation autonome n'étant dû généralement qu'à un manque de capital.

Ceux que nous appelons apprentis, ce sont précisément les jeunes ne maîtrisant pas tout à fait leur art, et de ce fait, sont confinés à des tâches de soutien logistique et ne perçoivent pas de rémunération à proprement parler. Selon le métier, ils peuvent tout au plus bénéficier de petites gratifications consistant, pour un menuisier sur bois par exemple, à obtenir la permission du chef pour récupérer les bouts de bois restants sur certaines commandes et à confectionner des bancs qu'il vendra dans le voisinage contre des sommes modiques. Cela permet au jeune de tester son habileté dans certains ouvrages, et de se constituer un petit pécule relativement motivant pour lui.

Grâce à ces petits bancs et chaises vendus fièrement par les jeunes apprentis, certains ménages sans le sou se constituent un petit mobilier, sommaire certes, mais pratique. Une sorte de cercle vertueux s'instaure entre un patron qui dispose d'une main d'œuvre gratuite, qu'il forme gratuitement, puis, rémunère mal quand celle-ci aura acquis plus de compétences, des jeunes désœuvrés qui se forment gratuitement sans avoir à débourser le moindre sou, des familles souvent démunies qui trouvent par ce biais la possibilité de proposer un avenir à leurs enfants sans avoir à se sacrifier, et d'autres familles qui profitent enfin de biens et de services à moindre coût grâce au travail des apprentis. Tout cela est bien évidemment informel. Mais le secteur formel ayant du mal à exister et à proposer des perspectives viables ne peut que laisser faire ce secteur informel qui prouve tout son dynamisme et son rôle de laboratoire d'innovations sociales et économiques.

Un regret concerne l'absence de conservatoire des arts et métiers qui pourrait aider à conserver certains savoir-faire. Beaucoup de métiers disparaissent petit à petit au profit d'une supposée modernisation de la vie. Les puisatiers par exemple n'existent plus, alors qu'il y a encore une quinzaine d'années, ils étaient encore actifs et étaient très utiles. Du coup il y a de moins en moins de puits, que ce soit dans les quartiers urbains ou dans les zones périphériques ; les populations étant incitées à se raccorder toutes au réseau officiel de distribution d'eau détenu par une compagnie étrangère. D'ici quelques années, personne sur le territoire communal ne saura comment creuser un puits. Alors ce ne sera pas seulement la technique de creusement qui va disparaître, mais également cette science qui permettait, rien qu'à la texture du sol, de savoir deviner à quel niveau se situeraient les nappes.

Les cordonniers également sont en voie de disparition, fortement concurrencés qu'ils sont par le secteur industriel, et plus récemment par les chinois qui ont investi le marché sénégalais de chaussures bon marché. Il est vrai qu'il y a tout un pan de l'artisanat local qui a eu du mal à se moderniser et à professionnaliser son mode d'organisation et de fonctionnement. Les apprentis, de ce fait, assurent une transmission des savoir-faire locaux, ils sont la garantie de la perpétuation des techniques et connaissances.

Ce mode de formation professionnelle ne peut pas prospérer longtemps sans aide et soutien des autorités politiques. Les modes de production nouveaux, que ce soit dans le prêt-à-porter, la fabrication de meubles, de chaussures, etc. étouffent l'artisanat local qui peine à suivre. La débâcle de l'artisanat local signifie simplement la désorganisation de la formation professionnelle des jeunes, avec notamment des filières désertées car jugées non productives ou sans perspectives, ou l'avènement d'instituts de formation privés auxquels tout le monde n'aura pas accès. Cette tendance qui s'annonce va faire des artisans restants ou à venir, des sous-traitants d'unités de fabrication plus importantes, ou alors, selon une hypothèse plus extrême, elle va transformer des artisans-artistes en salariés, ne contrôlant plus le procès de travail, leur créativité asséchée, et confinés à la réalisation de tâches standardisées et répétitives.

Mais quoi qu'il en soit, le quartier démontre encore aujourd'hui sa capacité à proposer en son sein des perspectives à sa jeunesse ; perspectives qui ne sont pas toutes très prometteuses certes, mais qui présentent l'avantage de garantir à ceux qui le souhaitent une formation gratuite, et de qualité. Si ce mouvement était accompagné par les autorités dans le sens d'une meilleure organisation et mise en réseau des filières, peut être qu'une dynamique plus importante aurait pu être donnée à l'artisanat local.

CONCLUSION

Il serait dommage de ne pas percevoir ce potentiel dont regorgent les quartiers à tous les niveaux, et de le laisser s'assécher. Les habitants des quartiers prouvent tous les jours leur créativité, leur dynamisme, leur envie, leurs lacunes aussi, et c'est à ce niveau que les « experts » des ministères et autres institutions doivent se mobiliser et montrer en quoi ils pourraient soutenir et accompagner ces dynamiques pour les rendre plus opérantes. La décentralisation au Sénégal est en train d'échouer, non pas que l'idée soit mauvaise, mais les méthodes sont très clairement défaillantes. La manière dont les quartiers pourraient être structurés pour assumer tous ces rôles dont on a bien voulu les investir dans ce texte – et qu'ils assumaient déjà très bien – peuvent faire l'objet d'une prochaine publication ; nous ne disposons pas d'assez d'espace, dans le cadre de cette contribution, pour traiter ce sujet.

La décentralisation n'est pas seulement un ensemble de techniques et de pratiques, elle est aussi un esprit, ou plus justement, elle fait appel à des états d'esprit particuliers ; états d'esprit particuliers qui ont partie liée avec l'objectif de développement local poursuivi. Dès le début, le Sénégal a été confronté à un dilemme dont il n'est toujours pas sorti : faut-il convertir les populations aux valeurs d'un modèle de développement prédéfini et jugé comme bon, ou à l'inverse, faut-il s'appuyer sur les valeurs des populations locales, leurs forces et leur authenticité pour organiser un modèle de développement qui soit en cohérence avec leurs spécificités ? La question n'est pas simple.

En effet, à l'instar de la plupart des État africains, le Sénégal s'est trouvé propulsé dans un système politico économique mondialisé qui le dépasse et lui impose ses règles. Des experts de diverses organisations (Banque Mondiale, FMI) se sont penché sur son cas et lui préconisent des solutions ; solutions qu'il n'a pas toujours le loisir de discuter ou de négocier, comme les fameux programmes d'ajustement structurels qui lui ont été imposés au cours des années 80, si bien qu'aujourd'hui, le Sénégal s'est engagé dans la poursuite d'un style de développement dont les traits saillants établissent sans aucun doute possible qu'il est calqué sur un « modèle » occidental libéral. Tous les efforts consentis depuis dans le domaine du développement ne sont en réalité que des tentatives pour convertir les populations à des modes de vie et de fonctionnement qui s'avèrent assez éloignés des valeurs auxquelles elles adhèrent.

La décentralisation devrait être tenue pour ce qu'elle doit être et rester : une technique d'organisation politique et administrative au service des populations locales. Dans ce cas, elle ne dédaignerait pas les initiatives endogènes, mais les intégreraient de façon harmonieuse dans une démarche concertée et partagée. Dans cette perspective, le Quartier s'impose comme échelon majeur d'impulsion d'actions de développement ; c'est en ce sens que les autorités doivent travailler. C'est notre conviction la plus inébranlable.

LA GESTION DES RESSOURCES NATURELLES AU SÉNÉGAL : ENTRE DÉCENTRALISATION, APPROCHE INTÉGRÉE ET VULNÉRABILITÉ DES ESPACES FRAGILES

Ndèye Fatou Mar[58]

Au Sénégal, les ressources sont les apanages à la fois des acteurs locaux pour soutenir leur développement mais aussi des acteurs nationaux pour asseoir leur position stratégique. Situées dans une région sahélienne où le climat joue beaucoup sur leur fragilité, elles doivent faire face à des demandes variées et en nette croissance. Pour cela, les systèmes de gestion se multiplient et se développent mais ne donnent pas toujours des résultats satisfaisants. La recherche d'une gestion localisée mais informée apparaît comme une condition pour une meilleure utilisation des ressources.

Mots clés : Ressources naturelles – Gestion intégrée – Eau – Décentralisation – Risques – Informations – Sénégal – Delta du fleuve.

[58] Géographe–AVENUES-Université de Technologie de Compiègne ; ORMES-Laboratoire AVENUES-GSU EA 7284 UTC. Centre d'intérêt : Développement des outils méthodologiques à partir des Systèmes d'Information Géographique pour une gestion efficace de la ressource en eau et de ses espaces environnants, en particulier dans les milieux sahéliens. Il s'agit d'analyser les dynamiques spatiales et les risques que connaissent ces territoires face aux enjeux particuliers liés aux systèmes multi acteurs, aux vulnérabilités et aux problèmes de gestion. Contact : fatoumar1@yahoo.fr.

INTRODUCTION

L'empreinte de l'homme sur son espace est plus marquée dans les régions où le développement dépend encore largement des ressources agricoles, forestières ou halieutiques. Cette relation de dépendance vitale conditionne en grande partie l'exploitation des ressources. Les populations sont ainsi considérées comme les principaux responsables de la dégradation des ressources mais en même temps les premières victimes (Mainguet, 2003). En Haïti, un pays de près de huit millions d'habitants, le territoire était autrefois totalement recouvert de forêts. Aujourd'hui, ces forêts ne représentent que 2 % de la surface (Andriamahefazafy et Méral, 2004). En septembre 2004, l'ouragan Jeanne a totalement détruit le pays à cause de l'absence d'arbres protecteurs. Aujourd'hui, la population haïtienne est l'une des plus vulnérables de la planète.

Depuis les années 1920, la surface de la forêt de Madagascar, havre de biodiversité, a diminué de 75 % à cause, principalement, de la coupe de bois. Le taux de déforestation atteint aujourd'hui 2,5 % par an (Malleray, 2007). Au Cameroun, pays de près 475 000 km², les 17 millions d'hectares de forêts, riches en bois précieux sont surexploités pour l'agriculture et l'exportation, à 50 % illégale selon une enquête de l'ONG WWF publiée en 2006. Autant d'exemples qui permettent de souligner les sérieux problèmes associés à l'exploitation des ressources auxquels sont confrontés ces territoires, certainement engendrés par un manque de plan de gestion, des difficultés de sa mise en œuvre ou de la prise en charge sérieuse des risques encourus.

Ailleurs, en Afrique, les plus grands cours d'eau représentent des ressources qui traversent souvent plusieurs pays. C'est le cas du Nil qui est avec ses 6650 Km de longueur l'un des deux plus longs fleuves du monde. En comptant ses deux branches, le Nil Bleu et le Nil Blanc, il traverse sept pays (le Rwanda, le Burundi, la Tanzanie, l'Ouganda, l'Éthiopie, le Soudan et l'Égypte). Il longe également le Kenya et la République démocratique du Congo. Pareil pour le fleuve Niger qui prend sa source à la frontière de la Sierra Léone et de la Guinée, et suit une direction nord est en traversant la Guinée, le Mali, le Niger et le Nigéria où il va rejoindre l'Atlantique par le Port Harcourt après un périple de près de 4190 km. Plus à l'ouest, le fleuve Sénégal, naît de la rencontre du Bafing, descendu du Fouta Djalon en Guinée vers 800 mètres d'altitude et du Bakoye qui prend sa source sur le plateau Mandingue. Son principal affluent, la Falémé, draine toute la partie Est du Sénégal. Il traverse ensuite le Mali, la Mauritanie (faisant office de frontière avec le Sénégal) pour atteindre son embouchure à Saint Louis (Sénégal) après un parcours d'environ 1800 Km.

Situés pour la plupart dans des zones sèches, ces cours d'eau constituent des ressources stratégiques pour l'ensemble des pays qu'ils traversent. Les enjeux socio-économiques sont importants et la situation de ressources partagées complique davantage les plans de gestion et d'aménagement à l'échelle locale ou régionale.

Au Sénégal, la question de l'eau se pose en termes d'enjeu national compte tenu de son impact sur différents secteurs de développement : industrie, agriculture, tourisme, environnement, santé, etc. Par ailleurs, avec la décentralisation, une partie de la gestion foncière est transférée aux collectivités locales, mais pas celle de l'eau qui confère à la terre toute sa valeur (Mar et Magrin, 2006). Ainsi, à partir du delta du fleuve Sénégal, nous aborderons les problèmes de gestion de ces types d'espace à la fois multi fonctionnel et multi acteurs. Il s'agit d'analyser les soubassements des gestions ayant une efficacité limitée dans le temps et dans l'espace et de proposer des pistes de réflexion sur des méthodes renforcées par la prise en compte des risques et de la valorisation de l'information locale.

I. INTERACTIONS ENTRE EAU ET ESPACE

Les dynamiques au fil de l'eau

L'exploitation des ressources dans les milieux secs est souvent confrontée à des logiques d'enjeux et d'intérêts multiples. Elle peut avoir lieu dans un contexte de relations et d'interactions entre différents éléments d'un milieu naturel où les fonctionnements d'une ressource peuvent dépendre de différents espaces naturels reliés à son système global. Ces espaces conditionnent donc son existence, sa pérennité et créent un lien d'interdépendance. Ainsi, l'exploitation d'une ressource dans un milieu sec dépend et évolue fortement en fonction des dynamiques de son espace naturel.

Dans ces zones, l'eau est à la fois à la base de plusieurs activités socio-économiques et est avant tout une ressource naturelle soumise aux variabilités climatiques. Avant les aménagements hydro électriques, le fleuve Sénégal était caractérisé par une crue annuelle, de juin à octobre, essentiellement alimentée par la mousson sur le haut bassin (Guinée, Mali), suivie d'un tarissement progressif pouvant aboutir à l'arrêt total de l'écoulement en mai ou juin. À l'aval de Bakel situé à plus de 800 km de l'embouchure, la crue ne recevait plus que des apports assez faibles et se propageait dans une vallée à très faible pente où elle inondait un vaste lit majeur, au grand bénéfice de l'écosystème et de l'agriculture traditionnelle principalement sur les rives mauritanienne et sénégalaise. Tout un système social, culturel et environnemental était construit autour de ce processus naturel.

Toutefois, durant les décennies 1970 et 1980, quasiment toute l'Afrique soudano-sahélienne est affectée par de longues périodes de sécheresse, perturbant ainsi largement la fluctuation naturelle du fleuve. La péjoration est austère pour les écoulements du fleuve Sénégal, dont le débit moyen annuel à Bakel baisse de 75 % en moyenne entre 1970 et 1990, et de 50 % pour la seule décennie 80 (Mietton et al, 2005). Ce contexte de grandes incertitudes pour les gouvernants justifie dans bien des cas la réalisation par l'OMVS[59] de grands ouvrages sur le Sénégal. Cette volonté politique transnationale dépasse alors toutes les oppositions habituelles. Il fallait trouver des solutions pour exploiter l'eau du fleuve et diminuer ainsi la dépendance face aux pluies de plus en plus rares et irrégulières (Ndiaye, 2003 ; Dièle, 2007 ; Mietton et al, 2009). Pour cela, plusieurs projets se succèdent et sont soutenus dans la majorité par des programmes financiers internationaux.

Avec les barrages, la vallée entre dans une nouvelle ère hydrologique. La situation de maîtrise de l'eau change les relations entre populations et ressources. La construction des barrages de Diama et de Manantali, respectivement à 27 Km et 1070 Km de l'embouchure à Saint Louis du Sénégal fut le plus grand bouleversement technique de l'histoire du fleuve. Des nouvelles politiques agricoles aux implantations des agro industriels, la vallée, plus particulièrement au niveau du delta connaît plusieurs évolutions, tant sur le plan physique qu'humain. Elle devient ainsi le terrain d'investigation et d'aménagement de plusieurs investisseurs venus profiter des nouvelles conditions hydrauliques favorisées par les nouveaux ouvrages. Les activités liées à l'eau se développent entraînant de multiples convoitises mais aussi mettant en évidence les manquements en matière d'aménagement et d'études d'impact sur ces zones à tendance fragiles.

---

[59] Organisation pour la mise en valeur du fleuve Sénégal.

Les enjeux écologiques

À la suite des barrages, l'exploitation des ressources sous l'égide d'une autosuffisance alimentaire et d'amélioration des revenus des populations était plus privilégiée que les éventuelles conséquences sur l'écosystème fluvial (Kane et al., 1995). L'eau douce est désormais disponible en quantité durant toute l'année pouvant ainsi permettre le développement de l'agriculture irriguée quasiment dans toute la région de la vallée. Le système écologique du bassin du fleuve Sénégal est alors passé d'un environnement aquatique salé et saumâtre avec des changements saisonniers marqués par de fortes irrégularités à une écologie d'eau douce à flux modéré continu. Aussi, la concentration de populations dans des endroits non préparés à accueillir une pareille croissance et le changement du cycle naturel des ressources, entraînant la prolifération de maladies hydriques entre autres, sont parmi les principales conséquences négatives constatées après une dizaine d'années de mise en service de ces barrages. Ainsi, même si les impacts positifs sont incontestables, de sérieux problèmes environnementaux et sanitaires commencent à apparaître.

- La dégradation des écosystèmes : les écosystèmes associés aux plaines d'inondation sont les plus touchés par ces aménagements. En moins de dix ans, les phénomènes de dégradation s'accélèrent et se multiplient partout dans la vallée. En amont du barrage de Diama, les milieux humides comme le Djoudj, le lac de Guiers (Sénégal) ou encore le Diawling (Mauritanie), connaissent de profonds bouleversements dans leur fonctionnement. Depuis 1986, le barrage empêche la remontée des eaux de mer. L'eau est devenue douce en permanence, créant des conditions écologiques favorables à la prolifération des plantes d'eau douce. Ces plantes appelées végétations aquatiques envahissantes (VAE) sont dominées dans la vallée du fleuve Sénégal par le Typha australis et le Salvinia molesta. Ce dernier, survenu dans le delta en 1999 s'est propagé de façon accélérée en quelques mois. C'est une plante qui s'est échappée d'un élevage et qui a mobilisé plusieurs forces de lutte à la fois mécaniques et biologiques (Thonnérieux, 2002). Son étalement sur les rives des points d'eau limite l'accès à certains usagers comme les pêcheurs. En aval du barrage de Diama, les perturbations dans le fonctionnement de certains écosystèmes se traduisent plutôt par une augmentation de la salinité et/ou un assèchement pendant une partie de l'année, du fait de la baisse des crues ou de la rupture des chenaux (endiguements, périmètres irrigués, etc.).

D'autres problèmes naissent de la compétition grandissante entre les terres agricoles et l'exploitation de bois. On observe une érosion grandissante à mesure que les terres de faible rendement et les rives du fleuve sont déboisées. Plusieurs régions du bassin se retrouvent aussi dénudées à cause du surpâturage.

- La santé publique : durant les années 2000, plusieurs études, notamment Mietton et al (1999), Le-Roy en 2006, Hamerlynck et Duvail (2003) soulignent la baisse de la productivité dans de nombreux secteurs d'activité (agriculture, pêche, élevage de bétail), comparée aux cinq premières années après les barrages. Cela a eu pour conséquence une baisse des revenus, entraînant d'autres formes de précarité. Mais le problème environnemental qui touche directement les populations du bassin depuis 1993 est lié à l'impact des barrages sur la santé. Certes, la région de la vallée connaissait des problèmes sanitaires « classiques » des environnements sahéliens ouest africains mais après les barrages, la situation a changé. On constate une augmentation rapide de la prévalence des maladies hydriques qui étaient déjà connues dans la zone (paludisme, bilharziose urinaire, maladies diarrhéiques, parasitoses intestinales) mais pas aussi répandue. Par exemple, la bilharziose urinaire présente avant les barrages était une trématodose[60] due à Schistosoma haématobium dont l'hôte intermédiaire est un mollusque qui peut supporter de longues périodes de sécheresse en s'enfouissant dans le sol lors de l'assèchement des mares et ainsi survivre durant longtemps (Hervé et Brengue, 1998 ; Chippaux, 2000). Elle est donc adapté à l'environnement sahélien (Kane et al., 1995) mais sévissait dans une longue période et les risques devenaient moindres durant les saisons sèches. Cette situation changea rapidement avec la stabilité de l'eau dans la région. En même temps, une nouvelle épidémie vient s'ajouter à celles existantes, la bilharziose intestinale. Elle apparaît sous une forme beaucoup plus dangereuse que celle qui existait avant les aménagements (Ibidem). Ce nouveau foyer endémique constitue ainsi un fait complètement discordant avec la répartition habituelle en Afrique de l'ouest de Schistosoma mansoni. Cette bilharziose a comme hôte intermédiaire un mollusque du genre Biomphalaria pfeifferi dont l'aire de répartition ne dépassait pas habituellement le 12ème parallèle en Afrique de l'Ouest (le Niger). Après les premières apparitions dans la basse vallée en janvier 1988, la maladie a très vite pris une tournure endémique rapidement mise en traitement mais faisant de Richard Toll le plus gros foyer de bilharziose intestinale. La régulation du niveau d'eau dans le lac de Guiers et les canaux d'irrigation de la Compagnie Sucrière Sénégalaise ont, entre autres favorisé les conditions de son développement dans les autres secteurs du delta.

Les interactions entre l'eau et son espace peuvent s'exprimer ainsi de différentes manières. Qu'elles soient naturelles ou anthropiques, les actions des hommes

---

[60] Une infection transmissible de l'animal à l'homme et vice versa et causée par divers agents biologiques vivants ou non vivants.

occupent une place importante dans le processus. Ressources locales, les points d'eau du delta sont utilisées et supervisées directement par les populations locales mais les décisions d'aménagement et de gestion doivent venir de l'État, normalement, mais souvent la réalité en est autre. Dans certaines localités du delta, certaines décisions de gestion sont prises par les acteurs locaux.

II. La gestion des ressources locales : contradiction avec la décentralisation ?

Décentralisation et ressources

Au Sénégal, la décentralisation est relativement ancienne puisque ses origines remontent à l'époque coloniale, à la fin du XIXe siècle avec l'érection en commune des villes de Gorée, de Saint Louis (1872), de Rufisque (1880) et de Dakar (1887). Ce mouvement s'est approfondi avec la loi municipale de 1955 qui étend la communalisation[61] sur l'ensemble du territoire sénégalais. Mais c'est en 1960, après l'accession à l'indépendance que la généralisation des communes de plein exercice sera effective sur l'ensemble du pays. En 1972, la création des communautés rurales, entités décentralisées dotées d'une personnalité juridique et d'une autonomie financière, en fut une étape importante. Les deux décennies qui suivent cette année verront le processus s'accélérer. En 1996, la décentralisation entre dans une phase décisive avec le transfert de neuf domaines de compétences aux collectivités locales. Il s'agit du Domaine, de l'environnement et de la gestion des ressources naturelles, de la santé de la population et de l'action sociale, de la jeunesse, sport et loisir, de la culture, de l'éducation, de la planification, de l'aménagement du territoire, de l'urbanisme et de l'habitat. Chacun de ces

[61] C'est la création de communes de statuts juridiques différents.

neufs secteurs est réparti entre la région, la commune et la communauté rurale.

Cette décentralisation change donc la vision de l'État central comme seul aménageur et décideur sur les ressources et permet ainsi la multiplication des acteurs. Par acteur, on entend ici toute personne ou entité juridique ou politico-socio-économique qui intervient directement ou indirectement dans l'aménagement, l'exploitation, l'étude et la gestion de l'espace des ressources.

Des lois et des décrets ont été ainsi adoptés pour accompagner la réforme administrative portant code des collectivités locales[62]. Il s'agit des institutions administratives à base territoriale qui sont dotées de la personnalité juridique et qui jouissent d'une autonomie de gestion, déterminées par la constitution et par les lois et décrets, c'est-à-dire par l'État. Elles ont leurs représentants élus chargés de régler leurs affaires et de gérer leurs intérêts. Elles ont leur propre budget. Chacune a un nom, un territoire, une population. Autour du delta, les collectivités locales sont de trois ordres. Elles sont communales, rurales et régionales. Communes et communautés rurales ont des territoires propres plus ou moins délimités et régis par des règles définies, alors que les régions n'ont pas de territoire spécifique.

Toutefois, parmi les compétences décentralisées, l'ambiguïté plane dans les missions de gestion des ressources naturelles qui sont confiées aux communautés rurales. Certaines ressources sont décentralisées (la terre), d'autres non (l'eau). Or, le contexte actuel d'un climat sahélien marqué par une irrégularité croissante de la pluviométrie, l'aménagement et la gestion des terres irriguées concentrent une bonne part des enjeux économiques et environnementaux contemporains (Mar et Magrin, 2008).

[62] Appelée aussi la « Régionalisation ».

Aujourd'hui, cette décentralisation entre dans une nouvelle phase appelée « Acte III de la décentralisation ». En cours de réflexion et de débat, avec la mise en place en 2013 par le gouvernement d'un Comité National de Pilotage des Réformes de la Décentralisation, elle promet ainsi ses lots de balbutiements sur la relation entre ressources et espace.

Les ressources sont partagées entre plusieurs acteurs avec des intérêts et des ambitions différentes. Certains acteurs aux moyens plus importants que d'autres, profitent de leurs prérogatives pour mettre en place de vastes programmes de gestion. Ces types de projets mettent souvent en place des systèmes de gestion et d'aménagements assez puissants techniquement dont les locaux ne possèdent ni les moyens d'exploiter ni ceux pour leurs suivis nécessaires. Cette situation peut aller à l'encontre des principes d'accompagnement de la décentralisation.

Les enjeux autour des gestions de ressources convoitées

Comment concilier développement économique et gestion durable des ressources ? La question est réactualisée à l'occasion de chaque projet d'aide au développement, d'aménagement rural ou urbain. Pour atteindre ces objectifs, des concepts et des méthodes tels que gestion concertée ou gestion intégrée sont de plus en plus mis en avant et soutenus par les différentes parties prenantes. De la décentralisation des ressources à la concertation avec les acteurs, le local devient une échelle privilégiée dans la gestion des ressources naturelles. Le principe de « gestion locale » est presqu'acquis par tous dans les débats et mis en avant par les organismes internationaux. Mais ne cache-t-il pas une autre façon de superviser les ressources stratégiques ? Par ailleurs, les populations locales sont-elles les mieux placées pour gérer ces ressources ? Leurs moyens financiers, souvent assez limités, peuvent-ils supporter certaines dépenses liées à la gestion des ressources ? Ne font-elles pas qu'exécuter des décisions prises à d'autres échelles ?

Dans les territoires d'eau, l'élaboration d'une politique intégrée est une nécessité affichée dans tous les forums internationaux (Dublin, Johannesburg, Kyoto). De la gestion purement technique, l'objectif est de passer à une gestion de plus en plus intégrée qui tienne compte des multiples facettes de l'eau, incluant des dimensions socio politiques (Burton in Lasserre et al, 2011), environnementale (Global Water Partenership, 1999- 2005 ; Roche, 2003) et économique (Brunel, 2004). La gestion intégrée des ressources en eau (GIRE) est ainsi un concept qui offre un cadre conceptuel de gouvernance de l'eau dans le but d'améliorer sa gestion en vue de son utilisation durable. Les méthodes de travail se basent sur la concertation et une vision holistique de l'ensemble des actions à entreprendre, et de comprendre les relations fonctionnelles qui les lient. Elle cherche également à introduire un élément de démocratie décentralisée dans la façon dont l'eau est gérée, avec une insistance sur la participation des parties prenantes et la prise de décision au niveau inférieur le plus approprié. Dans la vallée du fleuve, plusieurs études de planification des ressources s'appuient sur ces méthodes pour dérouler leurs plans d'actions. Toutefois, cette gestion intégrée fait référence au besoin de concilier différents objectifs qui ne convergent pas nécessairement : la préservation des zones humides et le développement des activités économiques. Les différents acteurs, notamment ceux locaux, sont ballotés entre les principes de durabilité et les pressions socio-économiques pour développer leurs territoires.

Ainsi, plusieurs plans de gestions voient le jour. Encouragés et financés par des bailleurs internationaux, de nombreuses études sont lancées, souvent en même temps pour trouver des solutions de gestion des ressources au niveau de plusieurs échelles territoriales avec l'implication de plusieurs acteurs. Mais, cette fragmentation ne va pas dans le sens d'une meilleure gestion des ressources naturelles au Sénégal. Certes, les avancées en matière de planification et de participation des populations locales dans les processus de gestion des ressources sont bien concrètes et importantes, mais il faut néanmoins souligner que la question reste d'actualité et préoccupe toujours les différents acteurs concernés. En ce sens, le delta du fleuve est toujours à la quête d'une stabilité socio-économique.

Toutefois, la prise en compte des milieux naturels dans la gestion nécessite de plus en plus systématiquement la constitution d'un système d'information ad hoc par mobilisation des informations disponibles et repérage de l'information manquante. Il faut ensuite déterminer la priorité de collecte de données nouvelles. Or, les systèmes d'observation et d'inventaire des ressources naturelles sur lesquels il est possible de s'appuyer pour soutenir une approche de gestion environnementale restent encore rares au niveau local. De plus, les données disponibles collectées par des organismes publics concernent la plupart du temps les problématiques techniques liées aux cadres de fonctionnement des systèmes tels que les envisagent les gestionnaires et les cadres d'usage ; tels que les perçoivent les habitants ou les acteurs locaux.

À partir de ce constat, nous proposons une réflexion sur une gestion à la fois concertée mais également orientée vers la prise de conscience des risques qui planent sur les ressources naturelles avec l'amélioration des niveaux d'information. C'est une nouvelle conception d'une gestion qui intègre les risques dans les processus et qui se fait de façon informée. La gestion intégrée devrait s'appuyer sur la décentralisation pour inviter tous les acteurs à participer activement aux méthodes de production et de suivi d'informations de base concernant leurs localités. Ce sera une construction d'un système de gestion informée.

III. - ANALYSE DU RISQUE POUR UNE GESTION INTÉGRÉE ET INFORMÉE

Notion de risque et de vulnérabilité des espaces autour de l'eau

Selon Richard Lagarnier et Gilles Arnaud-Fassetta *« de toutes les disciplines qui relèvent des sciences de l'eau (hydraulique, hydrologie, hydro géomorphologie, hydro-géologie, hydrologie urbaine, hydrologie géographique, histoire de l'environnement et des risques...) aucune ne peut prétendre à la vérité »* (Lagarnier et Arnaud-Fasseta, 2009 : 11). En effet, chacune de ces disciplines peut apporter une analyse différente et complémentaire. Qu'il s'agisse de manque d'eau réel ou potentiel, des différentes formes de vulnérabilités liées aux inondations, à l'épuisement ou à l'altération qualitative de la ressource en eau ou encore de la protection et de la mise en valeur des systèmes, chaque branche de cette communauté scientifique, plurielle dans ses méthodes et dans ses questionnements, peut apporter une forme d'expertise utile. La nature des interrogations actuelles sur les questions de gestion et de sauvegarde de ces ressources naturelles impose toutefois, de dépasser les frontières scientifiques et culturelles. Dans ce contexte, l'hydrologie géographique, bien définie par son champ d'investigation, ses intentions et ses méthodes est obligatoirement conduite vers des sciences connexes et partiellement annexées à d'autres. Il existe différentes manières de faire une géographie de l'eau avec des empiètements disciplinaires et des complémentarités nécessaires (Op. cit., 2009). Cette ouverture permet aujourd'hui d'allier méthodes et discipline pour mieux analyser une situation touchant à la fois l'eau et son environnement. Ainsi, c'est par cette analyse que l'idée d'allier la géographie des risques et la gestion de l'eau s'explique.

Le concept de risque est étroitement lié à celui de catastrophe. Il y a en effet risque lorsque des enjeux humains ou matériels se trouvent placés dans une situation de danger qui peut aboutir à une catastrophe (Beucher, 2006). Le risque est donc la conjonction d'une menace potentielle, l'aléa et de l'exposition des enjeux. Mais en outre de l'exposition, il faut que ces enjeux soient vulnérables. L'équation : Risque = aléa + vulnérabilité est aujourd'hui la définition la plus consensuelle du risque. Elle signifie que le risque est le produit de la rencontre entre une source de danger et une société. Le risque ne peut être confondu avec l'aléa. C'est un objet social construit (Veyret et Richemond, 2004). Ils perçoivent le risque comme une potentialité de crise perçue par un groupe social en raison de la manifestation éventuelle d'un processus physique.

L'aléa est donc défini comme la source de danger. Un aléa naturel est par exemple considéré comme produit par le milieu naturel. Il existe aussi des aléas dit anthropiques comme la pollution des sols entraînés par un excès de produits d'engrais chimiques utilisés dans les parcelles irriguées ou encore la désertification à cause de l'abattage des arbres.

Il est donc nécessaire de corréler la distribution spatiale des enjeux et les caractéristiques de l'aléa pour comprendre la répartition des dégâts. Ainsi, on met en évidence une exposition différentielle à l'aléa qui est un facteur d'augmentation des dommages, donc de vulnérabilité. On notera que cette définition permet l'intervention du géographe et de la cartographie. Ainsi, une analyse par une méthode d'étude de danger permettra d'intégrer la notion de risque dans les études et de sa perception par les populations.

La Méthodologie d'Analyse et de Dysfonctionnement des Systèmes (MADS)

La multiplication des actions sur les espaces de ressources et les problèmes liés aux nombreuses tentatives de gestion démontrent l'importance de la ressource et les convoitises qu'elle suscite. Face à cette situation, la question de la sécurité se pose. Nous partons ainsi de l'hypothèse selon laquelle les points d'eau du delta et les espaces environnants sont une zone à risque. Pour analyser et vérifier cette hypothèse, nous nous appuyons sur l'approche Méthodologie d'Analyse et de Dysfonctionnement des Systèmes (MADS) développée par des chercheurs du département Hygiène et sécurité de l'université de Bordeaux 1 en collaboration avec des ingénieurs du CEA notamment Pierre Perilhon.

L'intérêt porté sur le modèle MADS appelé aussi univers du danger s'explique par le fait que c'est un outil qui permet de construire et de comprendre la problématique de l'analyse des risques. Il est construit sur les bases des principes de modélisation systémique développés par Jean Louis Lemoigne dans « La théorie des systèmes ». Une approche est dite systémique si elle fonde sa démarche sur le concept de système. Celui-ci a toujours été une notion socle pour désigner tout ensemble de relations entre constituants formant un tout. Traiter un ensemble en tant que système consiste, en première analyse, à poser que la connaissance de cet ensemble est subordonnée à la connaissance des parties qui constituent le tout, des interactions entre les parties et des interactions avec l'environnement (Lemoigne, 1994-2003 ; Morin et Lemoigne, 1999).

L'approche MADS a pour objet d'appréhender les événements non souhaités (ENS) caractérisés comme les « dysfonctionnements susceptibles de provoquer des effets non souhaités sur l'individu, la population, l'écosystème et l'installation » (Périlhon, 2003 : 5). La Méthode Organisée

Systémique d'Analyse des Risques (MOSAR) développée aussi par Périlhon est l'outil qui est associé à cette approche. Elle est basée sur le modèle de processus de danger qui a pour objet de décrire l'enchaînement des événements conduisant à une situation dangereuse. Le processus relie les processus sources de danger aux processus susceptibles d'être affectés au niveau de la cible. La liaison s'effectue par l'intermédiaire d'un flux de danger (matière, énergie, information) orienté de la source vers la cible. Sources, cibles et flux sont immergés dans un champ de danger qui peut influencer l'état du système source mais également l'effet sur les cibles et le flux.

L'univers du danger est formé de deux systèmes appelés système source de danger et système cible, en interaction et immergé dans un environnement actif (Cf. Figure **1**).

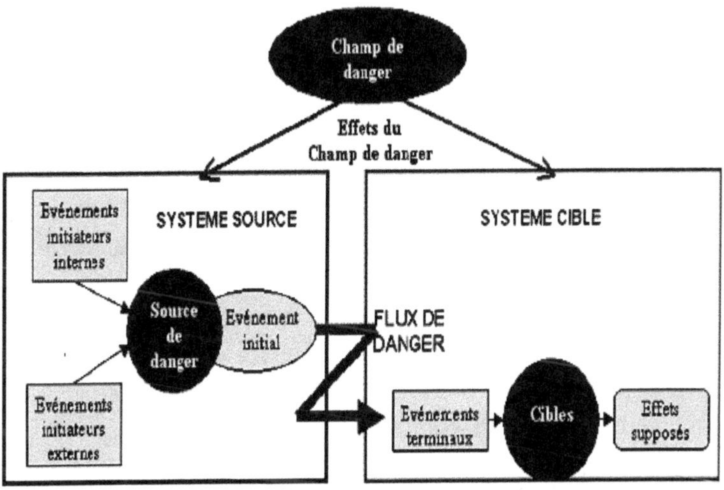

Figure 1 : Modèle de processus de danger (Source : Périlhon, 2003)

Les interactions entre ces deux systèmes se font sous forme de processus c'est-à-dire d'échange de flux de matière, énergie, information entre les deux systèmes, dans le temps, l'espace et la forme (Perilhon, 1994-2003). Les autres actions qui se produisent dans cet univers sont explicitées sous forme de processus. La modélisation des deux systèmes se fait suivant les problèmes posés, sur leur structure, leur fonctionnement, leur relation avec l'environnement, leur évolution.

La rupture d'équilibre du flux du danger peut concerner sa structure, son activité, son évolution et est appelée effet du danger. D'autre part le système source de danger est réversible, c'est-à-dire qu'un système source peut devenir système cible et vice versa.

Cette méthode permet ainsi de modéliser et d'expliquer de façon plus claire les risques qui pèsent sur les ressources. L'ensemble des actions sur l'eau du delta du Sénégal est considéré comme un système et donc un dysfonctionnement de l'un d'entre eux peut entraîner des dangers sur les autres actions. Il s'agit là d'une analyse qui permettra aux différents acteurs d'avoir une compréhension plus complète des enjeux qui pèsent sur le delta.

Les dynamiques agricoles dans la vallée du fleuve Sénégal ont été avant tout marquées par d'importantes évolutions socio-économiques mais aussi par de grands changements environnementaux touchant presque tout son écosystème. Aménagements hydro agricoles, projets industriels, développement de la pêche, l'espace du delta est devenu un théâtre d'actions anthropiques et ainsi sujet à de nombreuses fragilités écologiques.

Pour décrire l'état des ressources, il faut avoir des informations sur leurs natures (qualité, quantité, etc.). Mais ces types de données sont en général gérés ailleurs qu'au niveau des préoccupations d'une échelle régionale ou locale. D'ailleurs, la plupart des documents de planification locaux ne mentionnent pas les situations et les analyses environnementales issues de ces services techniques nationaux. Dans ces cas, les enjeux socio-économiques prendraient-ils le dessus sur les réalités écologiques ? Cette situation entraîne des ambiguïtés entre gestionnaires, sociétés privées et populations autour des espaces de ressources.

Valoriser l'information locale pour une gestion intégrée et informée des ressources

Longtemps, les milieux naturels n'étaient pris en compte dans les démarches de planification que dans la mesure où leur dégradation pouvait menacer certains usages des acteurs. Ces derniers prennent au contraire un caractère central en planification environnementale. Cependant, comme l'écrit Mermet, la gestion de l'environnement s'appuie très rarement sur une maîtrise des milieux naturels ou des écosystèmes et donc sur une confrontation directe d'un acteur avec des forces naturelles (Mermet, 1992). Chaque acteur spécialisé agit en effet pour faire évoluer l'état d'un milieu dans un certain sens, et fait par-là, preuve d'une gestion intentionnelle. Mais les évolutions réelles résultent de la gestion effective du milieu, c'est-à-dire de l'ensemble des actions humaines qui l'affectent. Toute gestion de l'environnement est donc indirecte. Seule une évolution des comportements et modes d'action, et donc des usages, peut engendrer une modification du système.

Pour cela, Mainguet suggère dans son analyse « l'expression de développement adapté » et propose de la définir comme « la stratégie optimum d'organisation de l'espace, stratégie qui passe par la connaissance préalable des milieux, de leurs ressources (biologique, physiques, géologiques, climatiques, etc.) et par l'évaluation des aptitudes humaines (socio-économique, juridiques, institutionnelles, etc.). Ces derniers seront utilisés dans le sens du progrès social sans dégrader irréversiblement les milieux et leurs ressources » (Mainguet, 2003: 45).

La plupart des pays d'Afrique de l'ouest ont en commun des écosystèmes souvent fragiles et affectés par les mêmes tendances : extensification des zones agricoles, diminution des jachères, pression démographique, mouvements migratoires, difficile gestion des ressources en eau, conflits éleveurs-agriculteurs (Débailleul et al., 1996). Ils partagent ainsi les mêmes problèmes environnementaux. La lutte contre la dégradation des ressources naturelles est devenue une dimension importante de la redéfinition des politiques agricoles et de développement rural et, plus généralement, des programmes et des interventions en milieu rural. Toutefois, l'efficacité de cette lutte est sérieusement entravée par l'insuffisance ou l'étroitesse des informations environnementales dans laquelle elle s'inscrit. Pire encore, le peu de données qui existent sont rarement partagées au niveau local.

Les données liées à l'environnement, à sa gestion et sa protection sont souvent à la charge de plusieurs acteurs (usagers locaux, institutions publiques et privées, organismes de recherche et d'enseignement, sociétés d'aménagement...). Cette dispersion de l'information engendre bien souvent un cloisonnement sectoriel et interinstitutionnel dont découlent de nombreux problèmes : duplication de données, diffusion restreinte, accès difficile. Toutefois, durant ces dernières années, les institutions internationales, les ONG et associations, les institutions de recherche dans la mise en place des outils et méthodes pour rassembler l'information environnementale ont joué un rôle important dans le processus d'accès et de disponibilité de l'information sur les ressources.

Au Sénégal, la collecte d'informations sur les activités socio-économiques revient aux collectivités locales. Pour cela, un fond de développement local est mis en place par l'État pour soutenir les actions de gestion territoriale initiées par ces collectivités, jeunes en général et les accompagner dans le processus de responsabilisation. Ce fond permet aussi aux conseils ruraux de mener des recensements administratifs annuels dans le but d'évaluer les actifs qui vivent dans leurs communautés mais aussi et surtout de pouvoir estimer et récupérer les impôts locaux. Cependant, même si ce fond de développement a été mis en place dans la plupart des communautés rurales, les résultats visés restent encore très loin des résultats escomptés. Lors des différentes enquêtes de terrain dans les communautés rurales du delta, entre 2005 et 2010, nous nous sommes aperçus que rares sont celles qui ont mené correctement ces recensements. Dans plusieurs cas, le travail est loin d'être complet. Dans l'ensemble, l'enclavement et le manque de personnels compétents semblent être les principales causes de ces retards. La couverture de l'ensemble des villages et hameaux pose encore bien des problèmes.

Cette situation montre qu'il reste encore beaucoup à faire dans la production, l'intégration et la valorisation de l'information sur les ressources à l'échelle locale. Pourtant, nous soutenons que pour aller vers une gestion mieux intégrée, il faut que tous les acteurs, qu'il s'agisse de l'État, des régions ou encore des collectivités locales, prennent davantage en compte les risques liées à leurs différentes actions sur les ressources pour mieux les préserver. Et la protection de ces ressources passe forcément par un suivi régulier sur toutes leurs évolutions et de les partager d'abord entre collectivités, ensuite vers les niveaux régionaux et nationaux.

CONCLUSION

La politique du développement économique propulsée de façon générale n'est pas toujours favorable à la prise en compte de l'environnement dans les milieux secs. Malgré la nouvelle tournure que prend la relation entre développement et environnement, les crises socio-économiques de ces dernières années ne favorisent pas une pérennisation de certaines avancées en matière de gestion concertée et durable des ressources. Toutefois, il est évident qu'un développement sur la base des ressources naturelles ne saurait être possible sans une bonne prise en compte de sa fragilité et des risques dans les plans de gestion.

Jusqu'à présent, l'interrogation sur le développement possible dans les écosystèmes secs aboutit à un constat pessimiste. Certains déclarent même que toute entreprise humaine y conduit fatalement des catastrophes écologiques. Un malaise s'insinue et s'installe tandis qu'une question caricaturale est posée : ces milieux sont-ils faits pour le développement moderne proposé ? Alors qu'il est préférable de se demander : que peut-on durablement y faire sans dommage, par quel développement ? Que faut-il éviter d'y faire en matière de gestion prospective axée sur la maîtrise des facteurs du risque ?

Et encore peuvent-ils être mis en valeur selon les schémas proposés dans les autres écosystèmes, non secs ? Ne serait-il pas permis de penser plus positivement, compte tenu des atouts énergétiques – soleil et vent – de l'espace, des hommes disponibles, des réponses traditionnelles et les adaptations dont ces sociétés sont capables.

BIBLIOGRAPHIE

ANDRIAMAHEFAZAFY Fano, MÉRAL Philippe. « *La mise en œuvre des plans nationaux d'action environnementale : un renouveau des pratiques des bailleurs de fonds ?* ». Mondes en Développement, 2004. pp. 29-43.

CHIPPAUX, Jean-Philippe (éd.). *La lutte contre les schistosomoses en Afrique de l'Ouest*, Éd. : IRD, 2000. pp. 141-171.

BRUNEL, Sylvie. *L'Afrique : un continent en réserve de développement*. Bréal, 2004. 235 p.

DÉBAILLEUL Guy, GRENOM Éric (éds.). *La dimension régionale des défis environnementaux. In Intégration et coopération régionales en Afrique de l'Ouest.* Karthala, 1996. 393 p.

DIELE, Oumar. *La maintenance des aménagements hydroagricoles dans le delta du fleuve Sénégal : Le cas du périmètre de Boundoum.* Mémoire de maîtrise de l'université Gaston Berger, 2007. 117 p.

HUMBERT Jules, MIETTON Michel, KANE Alioune. *L'après barrage dans le delta du Sénégal : scénarios de remise en eau de la cuvette de Ndiaël et impacts.* Sécheresse 6, 1995. pp. 207-214.

KANE Alioune, HANDSCHUMACHER Pascal, MIETTON Michel. *Aménagements hydrauliques et gestion de l'environnement dans le delta du fleuve Sénégal (Axe Gorom-Lampsar /Sénégal).* Espace Tropicaux 15, 1995. pp. 389-401.

LEMOIGNE, Jean-Louis. *Le constructivisme. Modéliser pour comprendre.* Tome 3. L'Harmattan, 2003. 335 p.

LAGARNIER Richard, ARNAUD-FASSETTA Gilles. *Les géographies de l'eau. Processus, dynamique et gestion de l'hydrosystème.* L'Harmattan, 2009. 302 p.

MAR Ndèye Fatou, MAGRIN Géraud. *Dynamiques spatiales, territoires et gestion foncière autour du lac de Guiers.* CIRAD, travaux et documents de l'ATP Domino-Sénégal, n° 1, Dakar, 2006. 40 p.

MAR Ndèye Fatou, MAGRIN Géraud. *Peut-on décentraliser des ressources naturelles stratégiques ? L'articulation des niveaux de gestion autour du lac de Guiers (Sénégal).* Mondes en Développement Vol.36-2008/1, n ° 141, 2008. 17 p.

MAINGUET, Monique. *Les pays secs : Environnement et développement.* Paris : Édition Ellipses, 2003. 160 p.

MERMET, Laurent. *Stratégies pour la gestion de l'environnement*. Paris : L'Harmattan, 1992. 205 p.

MIETTON Michel, CARFANTAN Jean Charles. *Transformations des hydro systèmes liées aux grands barrages en Afrique sahélienne et soudanienne. Gestion des aménagements et interactions société-nature. Scénarios de gestion des eaux et modèles de développement dans le contexte de l'après barrage dans le delta du fleuve Sénégal. Système écologiques et action de l'homme*. Carry-Le-Rouet : CNRS, 1997. 22 p.

MIETTON Michel, DUMAS Dominique HAMERLYNCK Olivier, KANE Alioune, COLY Adrien. *Le delta du fleuve Sénégal. Une gestion de l'eau dans l'incertitude chronique*. Hal Archives Ouvertes, 2009.

THONNÉRIEUX, Yves. *Une « peste verte » menace le Djoudj*. Le courrier de la Nature, 2002. pp. 18-23.

VEYRET Yvette., MESCHINET DE RICHEMOND Nancy. *Risques naturels dans les pays tropicaux : Réflexions issus des travaux récents* in Espaces tropicaux et risque. Du local au global, Acte de la 10ème journée de géographie tropical des 24,25 et 26 septembre Orléans, 2003.

VEYRET Yvette, BEUCHER Stéphanie, REGHEZZA Magali. *Les risques. Comprendre Rechercher, S'entraîner*. Breal, 2004. 205 pages.

L'ÉNERGIE, MOTEUR DU DÉVELOPPEMENT ÉCONOMIQUE : LE CHARBON, UNE SOURCE D'ÉNERGIE ALTERNATIVE AU PÉTROLE AU SÉNÉGAL ?

El Hadji Séga Guèye[63]

Cet article traite de la question de l'énergie comme moteur du développement économique. Il s'intéresse uniquement aux énergies fossiles, particulièrement au charbon vu son apport économique à travers le monde. Beaucoup de pays développés continuent à utiliser cette ressource pour résoudre leur problème énergétique. Cependant certains pays africains, malgré leur forte dépendance énergétique vis-à-vis de l'extérieur, négligent encore l'apport du charbon alors que celui-ci occupe une place primordiale dans la production de l'électricité au niveau mondial (40 %). Cet article tente de répondre à la problématique centrale suivante : le charbon peut-il réellement être une source d'énergie alternative au pétrole au Sénégal ?

Mots clés : Énergie – Charbon - Développement économique - Sénégal.

[63] El Hadji Séga GUÈYE est Docteur en sociologie. Il est également diplômé en management et gestion des ressources humaines. Il a enseigné la sociologie des organisations à l'université catholique de Lyon. Spécialiste en sociologie du travail et des organisations, ses travaux portent sur les mutations des entreprises et des questions liées à l'articulation entre l'industrie et la création d'emplois (contact : sgueye9@gmail.com).

INTRODUCTION

Penser le développement économique sans énergie, c'est croire au développement de l'internet sans support technologique, sans outil informatique. L'énergie au Sénégal constitue une partie intégrante du développement économique du pays. Elle est même la charpente architecturale de l'économie, son ossature, son soubassement, voire son essence. Le degré de développement économique d'un pays, pour ainsi dire, se mesure à la manière dont il gère son énergie et la distribution de celle-ci. Dans un monde où presque tout se réalise grâce à l'énergie, elle devient la priorité suprême. Au Sénégal le problème de l'énergie a depuis longtemps été mal géré ; ce qui aura des conséquences sérieuses sur l'environnement socio-économique. Rappelons qu'en 2012, un mouvement social s'y est constitué pour protester contre la récurrence des coupures d'électricité, avec pour conséquence la mise à sac de plusieurs agences de la SENELEC[64] à travers le pays, entre janvier et juillet : Castor, Ouakam, Joal, etc. Les populations sont descendues dans les rues pour crier leur ras le bol, soutenues par des associations et mouvements citoyens tels que « Y'en a marre » et l'Association des imams de Guédiawaye. Au moment où nous écrivons ces lignes, le problème de la gestion énergétique demeure. Existe-il des pistes fiables pour essayer de résoudre définitivement le problème de l'énergie ? Le charbon peut-il réellement être une source d'énergie alternative au pétrole au Sénégal ? Avant de répondre à ces questions nous commenceront d'abord par expliquer l'intérêt de l'énergie en général et son rapport au développement économique.

[64] Société Nationale d'Électricité du Sénégal.

I. Qu'est-ce que l'Énergie ?

Pour reprendre des forces, notre organisme a besoin d'eau, de repos et d'alimentation. C'est grâce à ces éléments que nous pouvons maintenir notre physique en forme pour se déplacer, pour utiliser notre force, notre énergie. De la même manière, penser le développement économique sans énergie c'est vouloir vivre sans nourriture. *« L'énergie c'est la vie. Dans le langage courant, énergie désigne la force, la vigueur, le dynamisme, le ressort, le peps, le punch »*[65].

Il est aussi impossible de parler d'activité humaine, de travail sans penser à la puissance énergétique. L'énergie est elle-même, selon le dictionnaire Robert, dérivée du latin « energeia » qui signifie travail. Il est défini comme *« le caractère d'un système matériel capable de produire du travail »*. La notion d'énergie est ainsi souvent assimilée à la notion de travail. Rappelons qu'en physique le « travail » désigne l'effort nécessaire pour déplacer un poids, en d'autres termes, *« le produit d'une force par le déplacement de son point d'application »*[66]. L'énergie c'est le mouvement, c'est la vie. La célèbre formule[67] E=mc2 d'Albert Einstein (1905) ne fait que confirmer cette assertion. En effet pour lui sans énergie il n'y a pas de matière et sans matière on ne peut pas parler d'univers. L'énergie est ainsi *« la grandeur qui représente la capacité d'un système à produire du mouvement. Dans la notion d'énergie, il y a donc non seulement le mouvement lui-*

---

65 Bertrand Barré et Bernadette Mérenne-Schoumaker, *Atlas des énergies mondiales. Un développement équitable et propre est-il possible ?* Editions Autrement, 2011, p. 3.

66 Cf. Dictionnaire Le Robert.

67 Selon cette formule E= énergie, m= la masse et c= la vitesse de la lumière.

même, mais également la capacité à en créer ».[68] Un pays en manque d'énergie est forcément un pays en déficit de dynamisme, de mouvement économique. L'énergie est partout présente : le transport, l'industrie, l'agriculture, la pêche, bref, dans tous les secteurs. L'énergie et le développement économique sont naturellement les deux faces d'une même pièce de monnaie.

L'énergie chimique contenant dans notre organisme provient de la combustion des aliments que nous consommons. De la même manière, notre production industrielle et d'autres activités du pays dépendent entièrement d'une alimentation en énergie. La fabrication des produits de consommation, la cuisine, la nourriture etc., dépendent de l'énergie[69]. D'ailleurs il existe plusieurs formes d'énergie : énergie cinétique du vent, énergie électromagnétique de la lumière, énergie de l'eau, énergie nucléaire etc. Ces énergies peuvent être transformées pour être utilisées de manière plus pratique.

Cependant la consommation énergétique mondiale est dominée par les combustibles fossiles : ils représentent environ 80 % de l'énergie primaire commerciale consommée[70]. La nature a mis des millions d'années pour les synthétiser grâce à l'énergie solaire qui a été stockée par la biomasse (végétation ou plancton). Par décomposition dans des conditions particulières, celle-ci s'est très lentement transformée en charbon, en pétrole ou en gaz.

---

[68] Bernard Wiesenfeld, *L'énergie en 2050. Nouveaux défis et faux espoir*, Éditions EDP Sciences, 2005, p. 15.

[69] Dans la vie courante, on rencontre l'énergie et on l'utilise sous les formes suivantes : mécanique (celle des moteurs, des muscles ; calorifique (chaleur, chauffage, cuisson) ; cinétique : celle de la voiture, de la balle de tennis, du vent ; chimique (nourriture, carburant) ; lumineuse (soleil).

[70] Christian Ngô – Alain Régent, *Déchets, effluents et pollution. Impact sur l'environnement et la santé*, Paris, Dunod, 2012, p. 10.

Il faut rappeler que le 23 Avril 2004 la France ferme sa dernière mine de charbon à la Houve, en Lorraine. Or, si l'aventure s'arrête pour la France, c'est loin d'être le cas partout dans le monde car le charbon demeure la deuxième énergie fossile après le pétrole et la première ressource pour la production d'électricité dans le monde[71].

Le charbon a beaucoup contribué au dynamisme économique des nations modernes par la révolution énergétique qui, elle-même, a engendré la révolution industrielle. Désormais la chaleur est facilement convertie en mouvement.

L'utilisation du charbon comme énergie alternative au pétrole ?

C'est en Grande Bretagne, dans la deuxième moitié du XVIIIe siècle que le modèle séculaire énergétique fondé sur le bois, le vent et l'eau va être progressivement transformé par l'utilisation du charbon[72]. C'est ainsi qu'on peut assister à la multiplication des machines à vapeur, des moyens de transports comme les locomotives, les bateaux et les véhicules. Avec le charbon, l'aventure mondiale du chemin de fer commence en Grande Bretagne alors que la première ligne de chemin de fer construite en France entre Saint-Etienne et Andrézieux pour transporter du charbon entre la mine et le port d'embarquement sur la Loire date de 1927. La Grande Bretagne peut donc se glorifier d'être un modèle en matière de révolution énergétique.[73] C'est avec

[71] Bernard Wiesenfeld, *L'énergie en 2050. Nouveaux défis et faux espoirs*, EDP Sciences, 2005 p. 51.

[72] Cf. Jean-Marie Chevalier, *Les grandes batailles de l'énergie*, Éditions Gallimard, 2004.

[73] Lors de l'ouverture des jeux olympiques de Londres le 30 juillet 2012, nous avons assisté à une véritable démonstration de force relative à l'apport de la Grande Bretagne dans le progrès de l'humanité, et tout cela grâce à la révolution énergétique, industrielle, à l'utilisation du charbon.

l'avènement du charbon qu'apparaissent les transformations techniques et économiques de la plupart des pays européens. Le charbon est considéré comme le moteur de la révolution industrielle en Europe. Sa composition est le fruit de la décomposition de matières organiques se situant dans le sous-sol. Le charbon est uniquement composé d'atome de carbone. Il regroupe l'ensemble des combustibles solides. *« On distingue cinq familles de charbon en fonction de leurs pouvoirs calorifiques par ordre décroissant : l'anthracite, la houille, le charbon subbitumineux, le lignite et la tourbe »*[74]. On peut expliquer inversement les étapes de formation du charbon de manière suivante :

- la tourbe, première étape, elle contient 50 % de carbone ;

- le lignite, la deuxième étape, il contient 65 à 70 % de carbone ;

- la houille, troisième étape, elle contient 80 à 90 % de carbone, elle brûle bien et peut dégager beaucoup d'énergie ;

- l'anthracite, quatrième étape, enfin le charbon pur.

Le charbon occupe une place importante dans la production de l'électricité au niveau mondiale. En effet *« avec une contribution de 40 %, le charbon est de loin la première source d'électricité mondiale »*[75].

Le Sénégal pourrait-il jouir de cette ressource pour résoudre son problème énergétique ?

Le Sénégal dispose d'un potentiel hydroélectrique et de ressources locales de substitution aux produits pétroliers

---

74 Samuele Furfari, *Le monde et l'énergie enjeux géopolitiques*, Editions TECHNIP, 2007, p. 337.

75 Bernard Laponche, *Maitriser la consommation d'énergie,* Éditions Le Pommier, Paris, 2004, p. 22.

importés[76]. Il dispose d'une quantité importante de tourbe et de lignite : les gisements de tourbes des Niayes, du Delta du Sine Saloum et de la Casamance, sont estimés à 52 000 000 m^3 [77]. Selon les informations tirées de l'étude d'impact sur l'environnement du projet de valorisation de la tourbe des Niayes (Tractebel 1999), le projet d'exploitation de la tourbe est financièrement rentable si la comparaison se limite à la période d'exploitation[78].

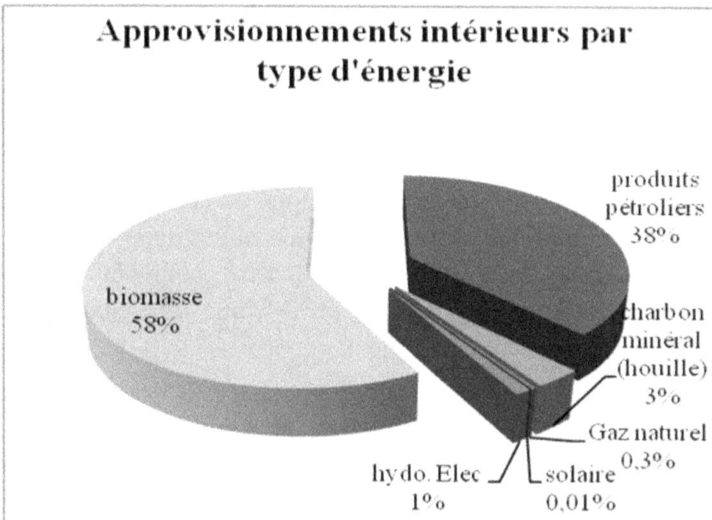

Source : SIE Sénégal 2007.

Selon le système d'information énergétique, la part du Sénégal dans la production hydroélectrique du barrage de Manantali représente environ 10 % de la production totale d'électricité au Sénégal. Avec une consommation annuelle de près de 500000 tonnes de produits pétroliers, les besoins

---

[76] El Hadji Séga Guèye, *La précarité du travail au Sénégal*, L'Harmattan, 2010.

[77] Source : Plan National pour l'Environnement.

[78] http://www.cse.sn/annuaire/ressnat/energie/fossile.htm, consulté le 01/10/2012.

de SENELEC représentent un poids de l'ordre de 49 % de la demande nationale.

Le manque d'exploitation de nos ressources en énergie conduit le gouvernement à se tourner vers l'importation du pétrole, représentant un véritable investissement financier. Selon un diagnostic fait par le ministère de l'énergie au Sénégal, les importations de produits pétroliers ont augmenté de près de 24 % en volume et de plus de 78 % en valeur financière entre 2000 (184 Milliards FCFA) et 2005 (327 Milliards FCFA)[79]. Le ratio (Importation produits pétroliers/Total des exportations) est passé de 37,4 % en 2000 à 42,9 % en 2005. Ainsi, aujourd'hui plus de 42 % des revenus d'exportation servent à couvrir l'approvisionnement du Sénégal en produits pétroliers. Le Sénégal dépend largement de l'importation du pétrole pour la production de son énergie, particulièrement dans le secteur de l'électricité alors que dans l'autre bout du monde (Canada, Allemagne, Chine et Afrique du Sud etc.), d'autres solutions sont adoptées.

Aujourd'hui, « le charbon représente 26 % des usages énergétiques mondiaux annuels (soit 3 milliards de tep[80]), avec les grandes différences d'utilisation selon les pays. La Chine et l'Afrique du Sud couvrent par exemple près de 70 % de leur production d'énergie avec du charbon »[81]. Le charbon est assez bien réparti sur terre c'est ce qui explique qu'il y a moins d'enjeux géopolitique et économique contrairement au gaz et au pétrole (guerres, crise pétrolière, pénurie de gaz).

---

79 Importations (totales et produits pétroliers) et exportations du Sénégal en valeur financière pour la période 2000-2005.

80 Tep= Tonne équivalent pétrole. C'est l'énergie produite par la combustion d'une tonne de pétrole ce qui représente 11600Kwh.

81 Boris Solier et Raphaël Trotignon, *Comprendre les enjeux énergétiques*, Edition Pearson, Paris, 2010, p. 14.

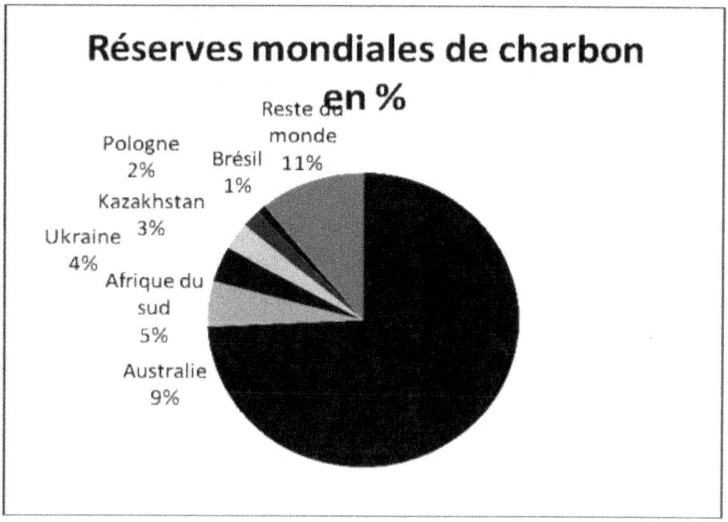

Source : SamueleFurfari op.cit., p. 347.

Le charbon n'est pas une matière première énergétique homogène. On distingue en effet le charbon à coke, qui est destiné à la production sidérurgique (pour faire de l'acier), et le charbon vapeur qui sert dans la production électrique des centrales thermiques et à des usages industriels, tertiaires, et résidentiels[82]. Qu'en est-il de l'utilisation du charbon et des enjeux économiques ?

[82] Pour utiliser le charbon dans l'industrie sidérurgique, il faut d'abord le transformer en coke (usage industriel). Le charbon peut aussi être brûlé dans des chaudières pour produire simplement de la vapeur, qui sera utilisée pour les divers procédés industriels et pour le chauffage. L'industrie chimique, la sucrerie, la papeterie sont des secteurs qui ont d'importants besoins de vapeur pour leurs activités ; elles utilisent souvent le charbon pour la produire malgré la concurrence sévère des autres combustibles, comme le fioul et surtout le gaz (usage tertiaire, secteur industriel). L'utilisation domestique du charbon, en forte régression dans la plupart des pays de l'Europe de l'Ouest, reste cependant encore importante dans tous les pays de l'Europe centrale ainsi que dans les États issus du démantèlement de l'Union soviétique. Elle concerne essentiellement

II. LE CHARBON ET LES ENJEUX ÉCONOMIQUES

Très compétitif dans le marché mondial, le charbon est plus sûr que l'électricité nucléaire du point de vue des risques. Il est de plus en plus utilisé pour substituer au gaz. *« Il est aussi moins cher que le gaz, son premier concurrent dans le secteur électrique*[83]*. Le "choc gazier" de 2005-2006 a amélioré la compétitivité du charbon, même en tenant compte des prix du transport et de la contrainte environnementale »*[84].

D'après l'AIE (l'Agence Internationale de l'Energie) sa consommation devrait augmenter de 50 % d'ici 2030, soit 3,3 milliards de tonnes supplémentaires à extraire et à transporter. La production retrouve un rythme de croissance comparable à celui du XIXe siècle. En raison de la cherté et du manque de fiabilité des énergies solaire et éolienne, 23 nouvelles centrales à charbon sont en train d'être construites en Allemagne[85]. En effet le gouvernement allemand s'est par ailleurs inquiété d'une possible dépendance énergétique aux importations d'électricité, la principale ressource de l'industrie allemande. L'Allemagne voudrait ainsi éviter ce risque puisqu'elle a peur du coût sans cesse en hausse de l'électricité. Elle ne peut guère se permettre de dépendre d'importations massives d'électricité étrangère. Rappelons qu'au Royaume-Uni, berceau de l'industrie houillère, le niveau maximal de production a été

---

le chauffage et la cuisson des aliments. Ce sont surtout des charbons maigres (anthracite) ou des briquettes (charbon aggloméré avec un liant puis défumé) qui sont utilisés (usage résidentiels ou domestiques).

83 Selon le Bureau of Resources and Energy Economics (BREE) le prix du charbon à coke sur le marché est de 171 dollar la tonne fob.

84 Annette Ciattoni et Yvette Veyret (sous la direction de), *Géographie et géopolitique des énergies,* Edition HATIER, Paris, 2007, p. 55.

85 Cf. « Allemagne : de nouvelle centrales à charbon pour compenser les échecs éolien et solaire », article publié le 9/09/2012 sur http://www.contrepoints.org

atteint en 1913 avec 287 millions de tonnes. En 1973, la production s'élevait encore à 108,4 millions de tonnes, avant de fléchir rapidement, au point que les besoins énergétiques croissants du pays, pourtant riche en pétrole, sont couverts par un flux d'importation de houille : 37 millions de tonnes en 2005, 41 millions en 2006, sa part dans la production d'électricité progressant au détriment du gaz naturel. Symbole d'une prééminence aujourd'hui révolue, la centrale thermique de Selby (près de Leeds) reste la plus importante d'Europe (4000 MW), fournissant au pays 7 % de son électricité.[86]

Le charbon est donc une source d'énergie très abondante. Beaucoup de pays européens en détiennent des quantités de réserve pour le futur. Avancer l'idée que le charbon ou d'autres combustibles solides (bois-bûches et plaquettes forestières) sont archaïques ou sont de moins en moins utilisés, fait montre d'une grave lacune en matière d'information dans l'utilisation de l'énergie dans le monde. Cette idée avait été véhiculée par certains citoyens sénégalais en rapport au projet de création d'une centrale à charbon. En 2007 la presse locale au Sénégal nous avait informé de la création d'une centrale à charbon par ces termes : *« Le ministre de l'Energie sénégalais et le directeur général de la Senelec ont co-signé le jeudi 24 janvier 2007, à Dakar, avec M. Norland Suzor, président-directeur général de la société suédoise Nykomb Synergetics et chef de file du groupement de sociétés regroupées au sein de la Compagnie d'électricité du Sénégal, une convention d'achat d'énergie de 25 ans, d'un montant de 118 milliards FCfa pour la réalisation de la centrale électrique à charbon de Sendou (Bargny) suivant la formule BOO (Build Own Operate). La SÉNÉLEC s'engage à acheter les 925 GWh qui seront produits*

[86] Annette Ciattoni et Yvette Veyret , *op. cit.*

annuellement par cette centrale électrique à compter de 2010, date retenue pour sa livraison. Cet apport d'énergie électrique contribuera à répondre à la demande énergétique sans cesse croissante »[87].

M. Latsoukabé Fall, directeur général de la Senelec, affirmait que *« l'introduction du minerai de charbon comme combustible dans le système de production de la société réduira notre consommation de fioul et renforcera la sécurité énergétique du pays. La conséquence immédiate de cette première centrale à charbon en Afrique de l'Ouest sera la baisse de nos charges variables de production et par conséquent la réduction substantielle du coût global du kWh »*. Ce projet devait générer en même temps des centaines de création d'emplois.

La question qu'on doit se poser est la suivante : où en est-on avec la création de cette centrale ? A-t-elle vu le jour ?

L'objectif fixé était en 2010 alors que jusqu'en 2013, les coupures d'électricité reprennent de plus belle, cette même presse qui revient sur cette affaire nous annonce encore : *« la centrale à charbon de Sendou sortira bientôt de terre. Ce projet a nécessité la mobilisation de près de 300 milliards pour une centrale à charbon de 250 Mégawatts. La SENELEC se renforce de 50 % pour baisser les prix en 2015 »*.

Le gouvernement en place est toujours dans une logique de réforme et de recherche de solutions.

Rappelons d'abord que le charbon est l'énergie la plus utilisée dans le monde dans la production de l'électricité. Il y a plus de vingt ans le charbon fut abandonné au profit du pétrole qui était alors très bon marché. À ce moment la

[87] El Haji Sylla ASER, *Sénégal : construction d'une centrale électrique à charbon de 125 MW à Sendou* article publié sur le site de Sudonline *le 02 février 2008.*

plupart des pays producteurs étaient sous domination coloniale ou néocoloniale. Aujourd'hui les choses ont tendance à changer ce qui explique que les pays dits « développés », les État-Unis et certains pays européens mettent sur pied une force d'intervention militaire en Lybie, en Irak et récemment au Mali[88]. Le cadre communautaire d'aide d'États établi de 1993 à 2002 (regroupant les pays membres de l'union européenne) notait dans son préambule que *« le marché mondial du charbon est un marché stable, caractérisé par une abondance des ressources et une grande diversité géopolitique de l'offre, si bien que, même à long terme et dans l'éventualité d'une demande croissante de charbon, le risque de rupture d'approvisionnement durable, sans pouvoir être totalement écarté, est cependant minime ».*

Il faut aussi considérer que la dépendance vis-à-vis du pétrole ne peut en aucun cas continuer puisqu'au rythme de consommation actuel, Samuele Furfari nous fait remarquer qu'à travers le monde on « dispose » de 40 ans de pétrole et de 70 ans de gaz. Les réserves de charbon sont plus fournies : près de 180 ans de consommation mondiale. « Contrairement à ce qu'on pourrait penser, l'extraction du charbon, comparée à l'extraction des hydrocarbures liquides ou gazeux, nécessite moins de capitaux. La

---

[88] Tariq Ramadan fait remarquer dans un article intitulé *« Le Mali, la France et les extrémistes »* que le gouvernement français et les responsables des multinationales du gaz et du pétrole ont toujours, officiellement, relativisé ou minimisé les découvertes en matière de ressources minières dans la région sahélienne entre la Mauritanie, le Mali, le Niger et l'Algérie (on a même parlé de « mirage malien »). Pourtant les données sont bien plus connues et certifiées qu'on ne le laisse entendre et Jean François Arrighi de Casanova, le directeur Afrique du Nord de Total, n'a pas hésité à parler « d'un nouvel Eldorado » avec d'immenses découvertes gazières et pétrolifères. (Cf. www.tariqramadan.com/spip.php? article12693, mis en ligne 17 janvier 2013).

production de tep de charbon requiert un cinquième et un sixième des investissements nécessaires à la production de la même unité d'énergie de pétrole et de gaz naturel respectivement. Les charbonnages créent plus d'emplois que la production pétrolière ou gazière »[89]. Si les risques économiques sont moindres, il faut en revanche penser à la maîtrise des risques liés à la sécurité et un suivi correct de la santé des acteurs travaillant dans ce milieu.

III. LA MAÎTRISE DES RISQUES LIÉS À LA PRODUCTION D'ÉLECTRICITÉ À BASE DE CHARBON

Il existe évidemment des risques liés à la production d'électricité à base de charbon. Le métier de mineur est parfois dangereux selon la capacité à prendre en charge sa sécurité. Néanmoins des progrès constants ont été réalisés depuis l'époque de « Germinal ». *« En Europe, la dernière grande catastrophe a eu lieu il y a cinquante-six ans, le 08 août 1956, à Marcinelle, près de Charleroi, en Belgique. Un wagonnet mal accroché dans la cage d'ascenseur a occasionné un incendie qui a fait périr par asphyxie 262 mineurs (...) C'est cette catastrophe qui a fait déclencher – enfin-une course à la sécurité minière qui a fait des houillères de l'UE les plus sûres du monde »*[90].

Selon l'Organisation Internationale du Travail, l'industrie minière qui occupe trente millions de personnes- soit environ un pourcent de la main-d'œuvre mondiale, dont dix millions dans les mines de charbon est responsable de sept pourcent des accidents mortels au travail, soit 15000 morts par an. C'est un secteur qui crée un grand nombre d'emplois par conséquent on recense beaucoup d'accidents. Il faut aussi noter que le charbon est mis à l'index du fait qu'il contribue à la pollution à Pékin puisque la Chine est

[89] Samuele Furfari, *op. cit.*, p. 342.
[90] *Ibidem.*

un grand pays charbonnier où l'électricité se fait en grande partie avec ce combustible fossile.

Le charbon est aussi supposé être responsable des « pluies acides » ayant ravagé les forêts de la Bohème et de la Bavière en Allemagne et gravement affecté les lacs de la Scandinavie dans les années 1980/1990. Depuis lors, la directive de 1988 appelée *« Grandes installations de combustion »* a imposé des abattements de SO2 (dioxyde de souffre) et NOx (oxydes d'azote) qui ont abouti à la disparition quasi-totale de ces sources de pollution[91].

Si le charbon peut être critiqué du fait qu'il est le « pire combustible fossile » du point de vue environnemental (ce qui reste à démontrer), il présente néanmoins un avantage sur tous les autres combustibles. Il présente plus de sécurité sur le transport qui se fait uniquement par voie maritime. Contrairement au pétrole, en cas de naufrage la houille sombre, ne se répand pas sur les plages. Parmi les produits énergétiques, *« le charbon est le seul à avoir été exclu de la liste des produits dangereux par l'Organisation maritime internationale (OMI) »*[92]. Quand on pense aux catastrophes de Fukushima au Japon, de la plateforme « Deep water »[93], on comprend d'autant mieux cet avantage sur les autres sources d'énergie.

---

[91] *Ibidem.*

[92] *Ibidem.*

[93] Le propriétaire de plate-forme pétrolière Deepwater Horizon, Transocean, a finalement accepté de payer 1,4 milliard de dollars, selon le ministère américain de la justice. L'explosion de la plate-forme, le 20 avril 2010, avait entraîné une marée noire dans le golfe du Mexique. Le gouvernement américain avait alors déposé une série de plaintes, pour des infractions aux règles environne-mentales, contre BP et ses sous-traitants. Dans son rapport relatif à l'explosion de la plate-forme, le ministère de l'Intérieur des États-Unis estime que la catastrophe est principalement liée à un défaut du coffrage en ciment de la tête du puits. Il met en cause aussi bien BP que ses sous-traitants.

Aussi, pourrait-on rétorquer cette argumentation lorsqu'il est opportun de se tourner vers les énergies propres comme les biocarburants ? Les biocarburants échappent-ils totalement à la pollution ? Assurément non. Les matières premières utilisées pour produire les biocarburants sont en général des produits agricoles (colza, maïs, canne à sucre, betterave…) qu'il faut cultiver en utilisant des engrais. Ariane de Dominicis fait remarquer que la fabrication de ces engrais demande de l'énergie, et leur utilisation dans les champs provoque l'émission de protoxyde d'azote, un gaz à effet de serre très puissant[94]. Il faut ensuite transformer les matières premières en carburants liquides dans une usine ou une raffinerie. Ainsi certains biocarburants émettent des gaz à effet de serre plus que l'essence ou le gazole classique. Certaines cultures comme le colza demandent plus d'engrais, et conduisent donc à plus d'émissions que d'autres comme la betterave ou la canne à sucre.

Bien vrai que des soupçons pèsent sur la maîtrise des risques, il existe des techniques propres d'utilisation du charbon.

IV. Techniques propres d'utilisation du charbon pour la consommation de l'électricité

Le charbon ne nécessite pas un grand traitement avant d'être brûlé. Après extraction, pour enlever les déchets, il est nettoyé avant d'être séché pour ensuite être déposé près des centrales électriques ou des lieux d'utilisation. Avec l'amélioration des techniques, on parle aujourd'hui de l'utilisation du « charbon propre ».

Il existe différentes techniques d'utilisation du charbon[95]. Nous ne citerons que trois techniques. La première

---

94 Ariane de Dominicis, *Idées reçues. Les biocarburants*, Édition Le Cavalier Bleu, 2011, p. 41.

95 *Ibid.* p. 362.

est la technique dite du « charbon pulvérisé » : La combustion du charbon en centrale électrique se fait en grande partie par cette technique. Le combustible est d'abord broyé en une fine poussière. Celle-ci est brûlée dans les brûleurs (un peu comme le fuel dans notre chaudière domestique). Les industries du ciment utilisent aussi du charbon broyé. La deuxième technique est celle de la combustion en lit fluidisé circulant (LFC), cette nouvelle technique a vu le jour dans les années 1990, grâce au financement des projets de démonstration de la Commission européenne. Le charbon est écrasé, puis mis en suspension dans un courant d'air pour être récupéré dans un cyclone, le charbon va être recyclé dans le circuit autant de fois jusqu'à ce qu'il soit totalement consumé. Comme pour la combustion du charbon pulvérisé, le fait que le charbon reste en contact suffisamment longtemps avec une grande quantité d'air en assure une combustion à la fois complète, mais également propre. Enfin la troisième technique est celle de la gazéification du charbon. Avec cette technique, l'idée est de convertir les matières carbonées en un gaz de synthèse. Dans un gazéificateur, le charbon réagit avec de la vapeur d'eau pour produire un gaz de synthèse (mélange de CO et H2). Le soufre, mais aussi le CO2 est éliminé dans cette étape et non dans les fumées, ce qui en simplifie grandement le procédé d'épuration. Le gaz de synthèse épuré des composés soufrés est ensuite brûlé dans une turbine à gaz ; les effluents de la turbine sont utilisés pour produire de la vapeur qui alimente à son tour une turbine à vapeur. Un des avantages de la gazéification lorsqu'on utilise des matières organiques réside dans la production d'un gaz de synthèse pouvant être transformé en essence de synthèse (biocarburant de deuxième génération). Ce qui évite d'utiliser les denrées alimentaires comme les céréales pour faire du biocarburant.

La consommation d'électricité au cours du temps présente des variations, certaines prévisibles comme les évolutions saisonnières, et d'autres imprévisibles[96]. Si tous les Sénégalais allument leurs ventilateurs électriques en même temps, il faut pouvoir faire face au pic de consommation. Ainsi la demande en électricité dépend en grande partie des périodes de consommation. Il existe une base de consommation, un besoin minimum, un niveau de consommation toujours maintenu par la clientèle. En dehors de cette base, existent des consommations en période de pointe. Il serait donc nécessaire, pour assurer la totalité des besoins des populations, de diversifier les sources d'énergie et minimiser en même temps le coût de la production électrique : centrale à charbon, solaire, éolienne, biomasse, etc. Les centrales qui demandent de grands investissements peuvent produire de grandes quantités de courants pour couvrir le retour sur investissement alors que le reste des centrales peut par exemple couvrir les demandes les plus modestes puisque leur investissement est plus faible. La production d'électricité peut aussi être répartie en fonction des clients : industries, collectivités, ménages, universités, administrations, écoles etc. Au Sénégal, c'est la SENELEC qui couvre la quasi-totalité de la demande en électricité. Le fait de libéraliser le secteur de l'énergie pour inciter les investisseurs locaux ou étrangers à la production de l'électricité peut être un début de solution. Aussi faudrait-il que la production privée soit encadrée par l'État avec des normes de sécurité et de respect de la protection de l'environnement. Le charbon peut même être utilisé dans ce cas comme un combustible auxiliaire qui apporte un soutien complémentaire en l'alternant avec d'autres sources d'énergie comme le font la plupart des pays utilisateurs de cette ressource.

[96] Cf. Boris Solier et Raphaël Trotignon, *op.cit.*

« En Europe, dans le secteur de la production électrique, lorsque le charbon n'est pas un vecteur énergétique dominant comme au Danemark, en Grèce, en Irlande et au Royaume-Uni (plus de 45 % de l'électricité produite dans ces pays l'est à partir du charbon), il joue souvent le rôle de combustible auxiliaire »[97]. Nombreux sont ainsi les pays européens qui utilisent le charbon pour la production de l'électricité. *« Aux USA, avec la diminution prévue de la production nationale du gaz naturel, on fera de plus en plus appel à la combustion propre de charbon. En Asie il en sera de même. La Chine génère trois quarts de son électricité à partir du charbon et comme elle est la première productrice d'acier (vingt pourcent de la production mondiale) le charbon sera pour elle irremplaçable ».*[98]

Au niveau mondial, environ 15 % de la production de charbon est exportée. Le charbon est donc majoritairement consommé régionalement. Les principaux pays exportateurs de charbon sont l'Australie (32 % des exportations mondiales), l'Indonésie (26 %), la Russie (10 %), suivis de la Colombie (9 %) et de l'Afrique du Sud (8 %). Les pays de destination sont le Japon (24 % des importations mondiales), la Corée du Sud (13 %), Taïwan (8 %), l'Inde (7 %) et l'Allemagne (6 %). La France est le huitième pays importateur mondial (avec environ 20 millions de tonnes par an)[99].

Le charbon est utilisé dans la plupart de ces pays pour générer de l'électricité ou pour servir à la fabrication d'acier. Le prix du charbon importé présente une stabilité par rapport aux autres produits énergétiques importés à travers le monde. Cependant la rentabilité de la production de lignite et de tourbe a aussi été démontrée. C'est ce qui explique que l'Allemagne et la Grèce produisent une large

97 Samuele Furfari, *op.cit.*, 354.
98 *Ibidem.*
99 Boris Solier et Raphaël Trotignon, *op. cit.*, p. 37.

part de leur électricité à partir de lignite. Au Canada la tourbe de sphaigne qu'on récolte dans les tourbières ombrotrophes est destinée principalement au marché horticole[100] : terreaux de jardin (40 % de la production totale de tourbe), terreaux professionnels (40 %) et pour la production de champignons (10 %). La tourbe est aussi utilisée à d'autres fins, par exemple pour la fabrication de filtres. L'exploitation de la tourbe au Canada crée près de 3000 emplois saisonniers et permanents. Dans le souci de mieux adapté l'enseignement à l'exploitation des ressources naturelles, une Chaire est financée à parts égales par l'industrie canadienne de la tourbe et le Conseil de recherches en sciences naturelles et en génie du Canada (CRSNG).

Déjà *« en 2004, la production de houille dans l'Union européenne des vingt-cinq s'élevait à environ 411 Mt et celle de lignite et tourbe à 364 Mt »*[101]. En Europe, depuis la catastrophe de Fukushima, les réticences sur le sujet du nucléaire font que l'utilisation du charbon devrait à nouveau croître. Au rythme actuel de consommation, l'indice de vie des réserves mondiales de charbon est actuellement de 204 années[102]. La plupart des analystes en matière d'énergie comme Boris Solier et Raphaël Trotignon pensent que *« le charbon restera un combustible d'avenir irremplaçable pour boucler les bilans énergétiques du monde, en dépit de tous ses inconvénients en matière d'environnement par rapport notamment au gaz naturel »*[103].

[100] Cf. Publication du Groupe de Recherche en Economie Tourbière (GRET) http://www.gret-perg.ulaval.ca/publications-gret.html, consulté le 07/01/2013.

[101] *Ibidem.*

[102] Samuele Furfari, *op.cit.,* p. 347.

[103] Samuele F. op.cit., p. 349. L'auteur explique qu'en 2003, la demande de charbon a augmenté de 6,9%, ce qui est nettement plus

Au Sénégal on continue de se ravitailler en pétrole en grosse quantité alors que d'autres solutions mentionnées au-dessus existent. Il faut souligner que la récente découverte du pétrole au Sénégal par l'entreprise britannique Caim Energy ne suffira pas pour couvrir l'approvisionnement du territoire national en demande d'énergie sur une longue durée. Les réserves de ce puits sont estimées à 250 millions de barils de pétrole.

La SENELEC bénéficie d'un investissement à coup de milliards de francs CFA sans avoir les véritables résultats escomptés. S'agit-il d'un problème d'organisation, de méthode de gestion, de manque de vision claire ? Malgré tous ces milliards investis le ministre de l'énergie affirme que *« le réseau est toujours vétuste et qu'il faut changer les câbles »*[104].

La politique énergétique telle qu'elle est pratiquée, particulièrement la gestion de l'électricité, semble être un gouffre à milliards. Déjà en août 2012 le ministre sénégalais de l'Économie et des Finances et la directrice des opérations de la Banque mondiale pour le Sénégal, Vera Songwe, ont signé à Dakar, un accord de crédit relatif au projet d'appui au secteur de l'énergie, d'une valeur de 44,5 milliards francs cfa. *« Le financement que notre institution vient de nous accorder nous permettra, entre autres objectifs, de réduire les pertes techniques et commerciales de la SENELEC et d'améliorer la qualité du service dans l'agglomération de Dakar »*, affirme le ministre. La stratégie envisagée par tous les ministres occupant cette fonction consiste à se lancer dans une politique de réforme. Il est temps de se lancer dans une politique qui vise à régler

que l'augmentation de la demande en gaz (2,0%) et en pétrole (2,1%). Certes cette augmentation spectaculaire est attribuable à la Chine (+15,2%). Hors Chine la hausse était quand même de 3,5%.

[104] Cf. Aly Ngouye Ndiaye ministre de l'Énergie lors de l'émission *Djakarlo*.

définitivement la situation de précarité énergétique de beaucoup de ménages sénégalais qui ne parviennent pas à régler leurs factures d'électricité avec les conséquences que cela implique (trafic ou fraude au compteur électrique, pertes d'argent évaluées à plusieurs milliards) ; ce qui représente un véritable manque à gagner pour l'État et la SENELEC. Il serait aussi nécessaire de développer une véritable politique stratégique innovante pour régler définitivement le problème de l'énergie en fixant des échéances à respecter même si elles s'étendent sur de longues périodes. Il n'y a rien de concret lorsqu'il n'y a pas de date retenue clairement et communiquée au public par les autorités pour réaliser les projets d'énergie éolienne, d'énergie solaire, de biomasse etc.

CONCLUSION

Cet article sur l'énergie, particulièrement sur le charbon et son exploitation est au cœur de nos préoccupations. S'il a pour vocation de proposer une amélioration des pratiques de l'énergie au Sénégal, notre ambition tendrait plutôt à repenser dans sa globalité la politique énergétique de manière à respecter au plus près la volonté clairement énoncée des populations, des consommateurs. Il convient aussi de souligner que la finalité de cet article n'est pas de démontrer qu'il faut forcément passer par les étapes que les pays européens ont connues pour atteindre le même niveau de développement économique, loin s'en faut. Nous avons seulement voulu démontrer que toutes les grandes nations qui ont pu atteindre un certain progrès font de l'énergie une pierre angulaire sur laquelle s'appuyer pour bâtir leur économie. Ces nations se sont appuyées d'abord sur leurs propres ressources énergétiques en complément des importations d'hydrocarbures pour atteindre un niveau de développement dans tous les secteurs. Enfin cette étude pourrait être élargie à d'autres sources d'énergie : l'énergie solaire, la biomasse, l'éolienne, le pétrole, le gaz, le nucléaire etc. L'Afrique ne profite pas assez de ses ressources énergétique et ceci est d'autant plus vrai que le commissaire européen en charge de l'Énergie, Gunther Oettinger affirme lors du sommet Afrique-Union Européenne de Syrte (Lybie) du 29 au 30 novembre 2010 que *« si l'Afrique exploite tout son potentiel énergétique, elle pourra alimenter le monde entier »*.

BIBLIOGRAPHIE

BARRE Bertrand, MERENNE-SCHOUMAKER Bernadette. *Atlas des énergies mondiales. Un développement équitable et propre est-il possible ?* Éditions Autrement, 2011. 95 p.

CHEVALIER, Jean-Marie. *Les grandes batailles de l'énergie*. Éditions Gallimard, 2004. 472 p.

CIATTONI Annette, VEYRET Yvette et al. *Géographie et géopolitique des énergies*. Paris : Édition HATIER, 2007. 223 p.

DOMINICIS, Ariane. *Idées reçues. Les biocarburants*. Édition Le Cavalier Bleu, 2011. 128 p.

FURFARI, Samuele. *Le monde et l'énergie enjeux géopolitiques*. Éditions TECHNIP, 2007. 450 p.

GUÈYE, El Hadji Séga. *La précarité du travail au Sénégal*. L'Harmattan, 2010. 241 p.

LAPONCHE, Bernard. *Maîtriser la consommation d'énergie*. Paris : Éditions Le Pommier, 2004. 128 p.

NGO Christian, REGENT Alain. *Déchets, effluents et pollution. Impact sur l'environnement et la santé*. Paris : Dunod, 2012. 190 p.

WIESENFELD, Bernard. *L'énergie en 2050. Nouveaux défis et faux espoir*. Éditions EDP Sciences, 2005. 219 p.

SOLIER Boris, TROTIGNON Raphaël. *Comprendre les enjeux énergétiques.* Paris : Éditions Pearson , 2010. 112 p.

HUMANISER LE MARCHÉ : LE PARI DE L'ÉCONOMIE CONFRÉRIQUE

Thierno Idrissa Mbow[105]

« Les idées, justes ou fausses, des philosophes de l'économie et de la politique ont plus d'importance qu'on ne le pense en général. À vrai dire, le monde est presque exclusivement mené par elles. Les hommes d'action qui se croient parfaitement affranchis des influences doctrinales sont d'ordinaire les esclaves de quelque économiste passé, Les illuminés du pouvoir qui se prétendent inspirés par des voies célestes distillent en fait des utopies nées quelques années plus tôt dans le cerveau de quelque écrivailleur de Faculté. »

John Maynard KEYNES,

Théorie Générale de l'emploi, de l'intérêt et de la monnaie, 1936.

INTRODUCTION

L'économie contemporaine a connu, à travers l'histoire, plusieurs formes d'expression reposant sur des idéologies qui ont donné naissance aux différents types de capitalisme : patrimonial, marchand, industriel, bancaire et

[105] Diplômé en Sociologie et en Sciences économiques, Thierno Idrissa MBOW enseigne les politiques de développement à la faculté Jean Monnet de l'université Paris Sud 11. Il est consultant auprès d'entreprises, d'ONG et de collectivités locales. Membre du laboratoire "Collège d'Études Internationales" de l'université Paris Sud 11, les recherches du docteur MBOW portent sur les mutations socio-économiques contemporaines.

boursier. C'est la nature même du système de production des biens et celle du mode d'échange de ces derniers qui déterminent le type de capitalisme. La formation de celui-ci est fondamentalement liée à l'espace, au temps et à l'action humaine. Chacune des phases de l'évolution du capitalisme révèle l'existence de systèmes économiques singuliers, de modèles originaux de société, de structures particulières de pensée et de modes inédits de gouvernance.

Les économies, tout comme les sociétés, fonctionnent comme les maillons d'une chaîne globale dont les éléments constituants sont difficiles à saisir du fait de leur profondeur, de leur immensité et de leur complexité.

Notre époque connaît des mutations bouleversantes qui restructurent nos systèmes de pensée et refaçonnent nos pratiques socio-économiques. Au socle de ces mutations se trouve l'économie dont la facette visible (le capitalisme) apparaît comme étant le symptôme de la maladie qui gangrène les sociétés contemporaines. L'examen des crises endémiques que l'hégémonie (néo)libérale a généré au cours des deux siècles passés révèlent les échecs des théories socio-économiques produites jusque-là et nous amènent à investir, par le bas de l'infrastructure, les sentiers oubliés des penseurs officiels.

Dans cette contribution théorique tirée de l'expérience du terrain sénégalais, nous examinons les singularités du modèle économique confrérique qui peuvent être utiles aux grandes économies engluées dans une crise abyssale du fait de la déshumanisation du marché. L'heure est venue pour les économistes de retourner sur les pas de leurs augustes ancêtres pour redonner à la science économique et à son objet un sens humaniste. Le système alternatif confrérique qui nous sert de cadre illustratif s'inscrit dans des réseaux ethnico-religieux ancrés au sein d'espaces interconnectés assurant la continuité des référentiels endogènes du marché et de la civilisation.

L'économie confrérique dispose d'une structure de type communautaire et repose sur des pratiques complexes d'accumulation et de redistribution. La finalité de cette économie alter-capitaliste, que l'on catalogue à tort et à raison comme moteur de la finance islamique, est de transformer la société de marché par la moralisation de ses rapports sociaux de production et d'échange.

En somme, l'économie confrérique est un laboratoire d'idées et de pratiques développantes qui se situe aux confins de la tradition et de la modernité. Pour mieux saisir les enjeux de la théorisation de cette forme d'économie, revisitons brièvement les évolutions récentes de la discipline.

I. AU FONDEMENT DES ENJEUX DE LA RÉVOLUTION DE LA PENSÉE ÉCONOMIQUE

La pensée économique n'a pas connu une évolution linéaire : sa trajectoire est ponctuée de ruptures qui ont été des moments cruciaux dans la structuration paradigmatique des sciences économiques et sociales. Ces dernières nourrissent et se nourrissent de leurs objets d'études. L'histoire de la pensée économique révèle l'existence d'une dialectique structurelle intense entre la théorie et l'empirisme. La pensée et les faits évoluent en fonction du modèle paradigmatique dominant.

Ainsi, la mainmise de la finance sur la pensée économique n'est-elle pas une résultante de la toute-puissance du marché et de l'omniprésence de l'idéologie libérale ? Les progrès des sciences économiques en termes de modélisation et la place grandissante de cette modélisation dans le fonctionnement du marché n'ont-ils pas participé à la déshumanisation de l'économie contemporaine et à l'érection de celle-ci en dogme moderne ?

De la science des finances à la science humaine : une marche-arrière obligée vers la source originelle de l'économie

L'évolution multiforme du capitalisme a considérablement influencé les paradigmes des sciences économiques. En effet, les transformations de l'objet de la discipline économique ont entraîné le confinement de la finalité de celle-ci à l'étude des aspects financiers et à leur extension tous azimuts dans toutes les sphères de la vie. Cette financiarisation à tous vents de l'économie a favorisé l'émergence et la consolidation de la « Nouvelle économie » à la fin des années 1990. Cette nouvelle trouvaille de la pensée unique néolibérale expansionniste, issue du thatchérisme et de son pendant « reaganiste », s'est appuyée sur l'essor des NTIC et sur la réification de la conception d'un monde dépourvu de frontières (village planétaire). L'avènement de cette économie « virtuelle » peut être considéré, d'une certaine manière, comme la réalisation d'une idée chère aux « clercs » du marché : l'automatisation des échanges consacre l'expulsion de l'humain du processus marchand.

À l'ère de la « villagisation » de la planète, la problématique du recul ou de la disparition des frontières n'est pas seulement d'ordre géopolitique. La « virtualisation » de l'économie qui accompagne cette globalisation a entraîné une mutation paradigmatique aux conséquences énormes sur la discipline : l'institutionnalisation de l'ordre du désordre et de celui de la spéculation. L'économie devient ainsi une sorte de science des affaires sans frontière. Ainsi, l'ère du tout-marchand, portée par la mondialisation néolibérale et la dictature de la pensée unique, a favorisé le recul de l'éthique et de la morale dans la sphère économique et la monétarisation des rapports sociaux et des objets sacrés comme le corps humain.

Avec la marchandisation aussi bien des objets économiques que des éléments qui appartiennent aux domaines sociaux, culturels, voire biologiques, nous entrons dans un processus de démythification du sacré et de mystification des facteurs immatériels du capitalisme. Ce double glissement qui consacre la mise en opposition de l'économie et de la société a aussi contribué à la déshumanisation du politique et l'avènement de la divinisation de l'argent, parvenu enfin à se dématérialiser pour s'incruster dans les esprits. L'économie n'est plus un moyen pour faire accéder au bonheur le plus grand nombre mais une finalité pour la société. De plus, la quête effrénée de plus de croissance et le culte du chiffre renforcé par la compétition généralisée entre individus et entre nations menacent l'avenir de la planète.

La mainmise des forces du marché sur la société et ses valeurs fondatrices traduit une certaine subordination de l'ordre politique aux logiques du marché. Une telle situation qui scelle le règne des minorités politiques et économiques sur les grandes majorités silencieuses, besogneuses engendre de nouvelles pratiques qui sont économiquement dégradantes, socialement déviantes et moralement inacceptables, accentuant inexorablement le fossé des inégalités entre riches et pauvres.

La recherche de plus d'avoir et de pouvoir est responsable, à une certaine échelle, de dérives de nouveaux ordres qui font émerger de nouvelles interrogations. Par exemple, comment considérer le ventre d'une mère-porteuse comme un actif économique ? Peut-on et doit-on laisser inopinément des acteurs soucieux de leurs seuls profits ruiner notre environnement matériel et moral ?

Ces dérapages du productivisme à outrance au nom inavouable des égoïsmes économiques ont mis et continuent de mettre le monde dans une situation intenable : plus de pauvres, moins de ressources naturelles. La machine capitaliste file droit vers le mur de la déchéance. Certes, cette image, au-delà de son aspect caricatural, traduit à bien des égards l'importance du risque que constitue la divinisation du marché et la ritualisation poussée de la virtualité en matière économique portée par le discours omni-marchand dominant qui consacre l'accélération de la dématérialisation de l'économie au nom du progrès financier.

La financiarisation de l'économie a conduit à un changement institutionnel : les échanges sont de plus en plus caporalisés par des instances immatérielles bien que la majorité des opérations marchandes sont accomplies par des machines et celles-ci sont programmées par des hommes en fonction de l'orientation définie par les tenants du marché. Ces derniers exercent une fascination démesurée sur les élites médiatiques - gourous de la globalisation - et produisent une violence phénoménale vis-à-vis des catégories laborieuses pauvres de plus en plus nombreuses et précaires. La globalisation de la finance, à travers les plateformes boursières, a bouleversé profondément les pratiques, les identités et les représentations du monde de toutes les sociétés embarquées, de gré ou de force, dans cette aventure, réelle et virtuelle, inédite.

La mondialisation n'est pas seulement qu'un phénomène socio-économique, elle est aussi un fait culturel. L'univers du marché, en étendant ses tentacules aux quatre coins de la planète, a exporté ainsi un ensemble d'idéaux et de pratiques bâtis à partir du socle de valeurs occidentales et capitalistes. En effet, le capitalisme mondialisé diffuse une idéologie qui prône la similitude des comportements politico-économiques et des pratiques socioculturelles à tous points de la planète. Ce mondialisme prédateur véhiculé par la philosophie du marché est le résultat de la course à l'accumulation maximale des ressources matérielles et financières. Des cultures et des civilisations qui, dans le passé, accordaient peu d'importance aux biens matériels, sont devenues de nos jours de grandes consommatrices de services marchands et de biens manufacturiers superflus, et ceci aux noms de la modernité (le luxe et la mode) et de la démocratie économique (développement de l'initiative privée et son extension à des catégories souvent socialement ou politiquement marginalisées). Dans la plupart des sociétés, la monétarisation de l'économie s'est accompagnée de la cannibalisation des rapports socio-marchands. L'image d'un capitalisme de profit a concouru à la déshumanisation du marché et à la promotion d'une morale ancrée dans l'égoïsme et sous-tendue par les excès en matière de consommation et les dérives productivistes conduisant à l'accaparement des biens communs par les riches (entrepreneurs, héritiers, parvenus politiques) mais aussi à l'aggravation de la situation des pauvres et à l'élargissement de leur rang. Quant au sort de l'environnement, nous gardons une posture pessimiste au regard des comportements écologiques des puissances industrielles et des pays émergents, tous acquis aux dieux du marché. L'obnubilation des dirigeants des pays les plus riches sur les questions du mieux-être du marché (investissements bancaires, consommation de masse, productions manufacturières à grande échelle, etc.) et l'omniprésence du souci de la rentabilisation des placements des succursales économiques (multinationales, fonds d'investissements) ne contribuent guère à la durabilité des richesses humaines et écologiques.

La quête égoïste et illimitée de richesses qu'encouragent les théories du libéralisme et de l'eugénisme économique a porté haut les principes de l'intérêt et du profit de l'individu au détriment des valeurs et des normes de la collectivité. Le comportement frénétique voire compulsif des tenants du marché a induit une série de crises aux conséquences néfastes sur la viabilité et la durabilité du système économique.

La crise de l'économie socialiste planifiée dans les années 1980 et celle de l'économie libérale de marché à la fin de la décennie 2000 font appel à un renouvellement de la théorie économique pour prendre en charge, au plan politique, ce qui ressemble aujourd'hui à un « libéralisme social ». Il semble jadis que ce renouveau de l'économie et de sa pratique contribue à l'émancipation des forces créatrices écrasées et noyées par les tanks du néolibéralisme et ses armées de politiciens, de banquiers, de négociants. Cette amorce de changement instaure une nouvelle donne avec la réhabilitation des puissances publiques. Sans revenir à un capitalisme monopolistique d'État, les puissances publiques consolident davantage leurs positions dans les marchés du travail, du capital et des biens manufacturés. Ainsi, la nationalisation partielle des banques aux États-Unis lors de la récente crise financière et le retour annoncé de l'État dans le contrôle des marchés financiers montrent que la refondation paradigmatique de l'économie est en cours. Jusqu'où ira cette volonté de dé-mondialiser les marchés et de revenir aux fondamentaux de l'économie ? Les penseurs de l'économie emprunteront-ils des issues alternatives qui permettraient de sortir de l'impasse théorique ? La recherche d'alternatives théoriques et pratiques demeure la seule issue salvatrice. Les économistes sont interpellés et les sciences économiques ne peuvent pas rester indemnes face à cette mutation structurelle de leur objet.

La gestation difficile des nouvelles orientations paradigmatiques de l'économie contemporaine

L'histoire de la science économique n'est pas un long fleuve tranquille. Elle est jalonnée de remous paradigmatiques souvent intenses à l'image des grands problèmes contemporains que la discipline tente de prendre en charge.

De même, elle n'échappe pas aux crises, aux doutes, aux errements aussi bien de son objet que des hommes qui la produisent. Étudier cette histoire revient à explorer les querelles ayant trait à la délimitation de son champ opératoire, à ses relations ambiguës avec les autres disciplines et ses orientations controversées qui ont permis d'alimenter les différentes productions constituant son riche corpus.

La quête de scientificité de l'économie au cours des XIXe et XXe siècle s'est traduite par une transformation disciplinaire autour de la quantification et de la modélisation. La bataille pour la place tant convoitée de la théorie dominante a pendant longtemps tourné à l'avantage des courants néoclassiques et de leurs héritiers acquis à l'idée d'une unicité de la pensée économique qui s'appuie sur l'empirisme et la quantification.

Après un règne sans partage du formalisme mathématique promu par d'illustres théoriciens de la trempe de Samuelson, nous assistons timidement à une réorientation vers les sciences sociales autrement dit un retour vers une économie fondamentalement humaine (Jacques Généreux, 2001). La recrudescence des déboires de la finance virtuelle conforte cette tendance hétérodoxe conduisant à faire de l'économie une science du comportement humain dans la conduite de la vie quotidienne où les moyens n'ont de sens que rapportés aux finalités (Lionel Robbins, 1932).

L'usage de l'instrument mathématique[106] dans la modélisation et dans l'élaboration des théories économiques, en vue de forger la rigueur de cette « science morale » (Adam Smith), a conduit la discipline économique à se démarquer peu ou prou de la famille des sciences de l'homme et de la

[106] Emploi de calcul différentiel et intégral, de la théorie des jeux, de l'algèbre linéaire, du calcul matriciel, des lois statistiques, etc.

société. Il en est aussi de la science de gestion née des flancs de la science économique.

La rationalisation des procédures analytiques de l'économie ou de la gestion n'est pas une chose mauvaise en soi. Au contraire, le recours aux mathématiques confère à l'analyse économique une importante légitimité au vu de la cohérence des logiques déductives et des procédés octroyant une meilleure objectivité au raisonnement de l'économiste. Soulignons au passage que l'argumentation mathématique est aussi utile en sociologie qu'en économie. Il fournit au discours sociologique une puissance argumentative supérieure et est nécessaire dans les investigations empiriques. En conséquence, le recours à l'outil mathématique ne saurait justifier la distance qui existe entre la science économique et son socle disciplinaire profondément social et humain. La mutualisation, par exemple, des connaissances économiques et sociologiques devrait permettre à bien des égards de sortir de l'économie de la spéculation et faire bouger la sociologie encore emmurée dans sa timidité originelle.

Il faut reconnaître que les sciences humaines et sociales ne sont pas des sciences de l'exactitude mais plutôt de l'approximation. C'est cette supposée faiblesse congénitale que les économistes cherchent à éviter pour leur discipline. Ceci expliquerait ainsi la difficulté des sciences économiques de rester dans la lignée des sciences de l'homme et de la société.

L'un des éléments explicatifs de cette difficulté se trouve dans la définition même de l'économie par l'allocation de ressources rares. Cette orientation définitionnelle a conduit la pratique économique vers le marché spéculatif. La logique d'accumulation qui s'est emparée du système capitaliste a consacré une nouvelle fois la prise de pouvoir de l'individuel sur le collectif.

En remettant en cause quelques-uns des principes fondamentaux de l'économie classique et en se référant au corpus théorique des fondateurs de la sociologie, le nouvel esprit du capitalisme[107] [2] postule pour un retour à la tradition analytique transdisciplinaire. Cette opération de « désidéologisation » de l'économie et de réhabilitation de la sociologie est portée par le courant de la nouvelle sociologie économique.

Les choix théoriques et les démarches méthodologiques des sociologues et des économistes s'articulent autour d'une double tendance des mutations récentes orientée vers l'humanisation de l'économie et la professionnalisation de la sociologie. La jonction de ces deux disciplines à travers la sociologie économique semble a priori résoudre les problèmes d'approche qu'elles avaient dans leur rapport singulier à leur objet d'étude.

Le ressassement des écueils de la pensée de l'économie classique favorise la disqualification des regards et des discours parcellaires empreints d'idéologies dogmatiques. Les performances interprétatives des faits et discours légitiment les ambitions réunificatrices au plan méthodologique et épistémologique de la sociologie économique et de son pendant l'économie sociale. La littérature économique et celle sociologique se recoupent sur le terrain du développement.

Le renouveau paradigmatique de l'économie implique donc un changement de posture de l'économiste confronté quotidiennement aux mutations multidimensionnelles de son objet d'étude mais aussi un changement institutionnel eu égard à l'importante mutation des sociétés contemporaines et de leurs économies.

[107] Boltanski L., Chiapello E., *Le nouvel esprit du capitalisme*, Paris, Gallimard, 1999, 848 p.

II. L'ÉCONOMIE CONFRÉRIQUE : UN PROTOTYPE D'ÉCONOMIE À VISAGE HUMAIN

La diversité des facettes de l'objet économique dénote la pluralité des pratiques économiques et l'ancrage de celles-ci dans des sociétés et des cultures différentes. La variété socioculturelle du monde contemporain fait appel à une prise en compte de la pluralité des modes de développement parmi lesquels le système économique confrérique dont l'une des particularités est de s'inscrire en dehors du capitalisme.

L'économie confrérique constitue une désinence originale de la pensée et de la pratique économique. Elle dispose de ses propres codes, de ses propres normes et de ses propres valeurs. Ces codes, normes et valeurs restent arrimés aux réalités économiques, politiques et sociales. La démarche de l'analyste de l'économie confrérique est une démarche qui replace ces codes, normes et valeurs à l'intérieur des structures socialement identifiables et épistémologiquement analysables à travers leur fondement, leur dynamique voire leur mode de validation.

L'économie confrérique : Une économie de structure et de réseaux.

La disposition et l'orientation de l'économie dépendent de plusieurs facteurs structurants qui participent à la constitution identitaire du système social. L'organisation économique de type confrérique emprunte des formes, des logiques et des principes d'ordre communautaire. L'économie confrérique s'inscrit dans des registres informels dont la lisibilité échappe aux procédures formelles. Il y a, à l'évidence, une invisibilité de ses modes d'organisation cachant les dynamismes des pratiques économiques. La rationalité des acteurs obéit à des valeurs et logiques collectives sous-tendues par de profondes solidarités et un fort penchant pour les richesses. Le paradoxe apparent des finalités poursuivies fait montre de la complexité des rapports qu'entretiennent les acteurs confrériques avec l'objet économique mais aussi de l'ambivalence de leurs pratiques socio-économiques empreintes de matérialisme et de spiritualisme.

L'économie confrérique puise ses ressources dans les interstices de l'économie formelle. Son cadre d'évolution est le milieu populaire. Elle se soustrait des conventions par la technique de la dissimulation et celle de la ruse. Elle ignore les frontières et se joue de la vigilance de la comptabilité nationale. L'économie confrérique se démarque de l'économie informelle par son caractère semi-sacré qui la légitime et la dynamise. Le moteur de l'économie confrérique ne se situe pas dans les ressorts du marché et des échanges mais il se trouve incorporé dans l'intersubjectivité sociale qui lui-même dépend d'une puissance tutélaire (marabout, gourou, etc.) représentant une icône transcendantale.

Le principe directeur qui détermine la configuration et l'orientation de l'économie confrérique repose sur des bases manichéennes définies à partir des concepts de bien et de mal et expose les domaines du licite et de l'illicite dans tous les secteurs (consommation, travail, loisir, relations, échanges, etc.).

Dans l'économie confrérique, la morale religieuse et les sagesses traditionnelles occupent une place centrale dans la vie familiale et communautaire. Ce sont ces structures sociales qui déterminent indirectement le prix social d'un bien c'est-à-dire sa valeur marchande. Celle-ci n'est pas fixée en fonction du produit mais bien par rapport à l'acquéreur.

Par ailleurs, la valeur d'un bien économique n'est pas toujours évaluable matériellement. C'est le cas des biens considérés comme impures. Le degré d'impureté est appréciable à l'échelle de l'imaginaire collectif qui fixe les modalités purgatives. Ainsi, les procédures de purification des biens illicites ou acquis illégalement sont assujetties aux processus d'épuration de l'âme. Un bien économique fonctionne comme un élément de médiation entre l'être humain et le sacré. La relation du sujet à l'objet de ce fait se situe dans un continuum plus englobant. Une telle transcendance ontologique que révèle le rapport à l'objet économique augure la présence d'une croyance ancrée à la fois dans l'idéologie de la solidarité et dans le mysticisme du lien social.

L'économie confrérique est à mi-chemin entre l'économie réelle, terrain des ruses (amorale) et l'économie idéelle, lieu des investissements occultes (morale). Elle s'organise autour d'innombrables chaînes d'affinité tissées entre acteurs de tous bords. Le caractère laïc des liens avec l'environnement extra-confrérique des affaires témoigne de la conciliation réussie entre l'être (la religion) et l'avoir (le marché). La quête des biens se conjugue avec la quête d'un mieux-être ici-bas et à l'au-delà. La conception d'un continuum de vie situé hors du temps et de l'espace élargit les territoires de l'économie confrérique et confère à cette dernière une dimension transcendantale. En effet, les investissements occultes des acteurs en termes de zakat, d'aumônes, d'offrandes ou de soutiens aux nécessiteux fonctionnent comme une sorte de taxe (au service de l'ordre supérieur garant du bon déroulement de l'activité économique) et de placements (au service de l'individu dans la vie post mortem). Ces investissements occultes sont réinvestis dans les secteurs de production économique, de reproduction culturelle et d'entretien du prestige social. L'intensité des échanges et l'importance du pouvoir économique des acteurs déterminent la place de la confrérie dans l'échiquier sociopolitique global.

L'économie confrérique : Une économie du subjectif, de l'objectif et du collectif

L'économie confrérique, en alliant deux objectifs apparemment contradictoires, se positionne au carrefour normatif du licite et de l'illicite. Son but est de faire accéder l'individu au bien-être ici-bas et à l'au-delà. Les choix des acteurs économiques bien qu'enracinés sur des bases rationnelles demeurent pour une large part tributaires des logiques émotionnelles soumises au tribunal de la conscience collective et à l'œil d'une puissance transcendantale.

En amont, l'idéologie morale de la confrérie enchâsse la logique des acteurs en créant une sorte d'utopie communautaire selon laquelle chaque membre s'efforce d'accomplir sa vie à l'image du modèle choisi par la voie du travail (économie) et de la foi (spiritualité). Au fond, il s'agit de la réalisation de l'individu à partir d'une conscience collective qui fonde le vivre-ensemble et qui vise à intégrer celui-ci au centre de la vie quotidienne.

Les schèmes culturels incorporés au cours de la socialisation spirituelle interviennent dans les rapports sociaux et servent de lubrifiant aux échanges économiques. Pour se faire une place dans l'espace confrérique, l'individu est amené à calquer ses représentations du monde sur les modèles promus par l'instance ordonnatrice de la société[108]. Le moi de l'individu se situerait dans un même continuum que celui du groupe-référence incarné par les symboles présents et passés de la confrérie. Le statut de l'individu est forgé à la fois par la somme de ses expériences passées et l'importance de la providence de son destin.

[108] Pendant longtemps, le marché incarna cette posture. De nos jours, force est de constater que l'État veut être le seul maître du jeu social à travers sa volonté affichée de redéfinir des valeurs nouvelles, de fixer des normes inédites et de suggérer des utopies collectives originales.

Si en amont l'acteur qui s'investit dans le réseau s'attend à ce que le capital accumulé crée un surplus symbolique qui apparaît comme un retour sur investissement destiné à accroître sa puissance sociale, en aval la « caste » des dirigeants confrériques, tout en étendant ses tentacules dans l'hors-économie (en particulier dans le champ politique), tente de phagocyter, par la logique clientéliste, les centres de pouvoir gravitant au sein de l'espace public. Ce qui accroît la force du réseau de l'acteur et la puissance de celui-ci. L'individu défie les limites de la capacité du groupe.

Le code moral qui régit la confrérie encadre les expressions de cette rivalité tacite en cautionnant la subordination de l'individu à la logique du groupe.

Fonctionnant comme un véritable contre-pouvoir économique (confrérie versus marché libéral) et politique (confrérie versus État), la confrérie constitue une force collective qui englobe l'individu et assure la stabilité sociale de celui-ci. La collusion des intérêts de la puissance publique et ceux de la confrérie permet à cette dernière de conserver l'intimité de son territoire.

III. LES INTERACTIONS ÉCONOMIQUES PRODUCTIVES À L'ÉPREUVE DE L'HUMAIN

La société se présente comme un espace de confrontation de subjectivités qui assurent le dynamisme des environnements matériel, social, économique et politique. Ces différentes interactions se révèlent être de véritables instances de production et de régulation du sens de l'action aussi bien individuel que collectif.

La dialectique de l'économique et du social

Le traçage de la ligne de démarcation entre le domaine du social et celui de l'économique n'est ni une tâche aisée ni un exercice impossible à réaliser. Ces deux éléments fondamentaux, associés à l'économie et à la société, entretiennent des relations complexes et fortement imbriquées.

L'économie peut être définie comme la production, la distribution, le transport, la commercialisation, la consommation des richesses. Elle est donc fondamentalement humaine. De son côté, la société, est conçue comme un ensemble d'individus partageant un certain nombre de normes, de valeurs et de pratiques qui, une fois réunies, forme une identité collective.

La société construit l'économie à partir de la mise en combinaison de la culture, de la technologie et des hommes qui, à leur tour, se retrouvent refaçonnés par l'économie. Il y a une dialectique complexe et profonde entre les phénomènes économiques et les réalités sociales.

A travers une réflexion sur la nature du lien entre l'économie et la société, il est intéressant de remarquer que l'analyse sociologique et celle économique ne peuvent pas être disjointes : elles se complètent. La vitalité des théories de la sociologie économique tient de la dimension unitaire de cette réalité socio-économique alambiquée qui nécessite pour son éclairage l'apport de disciplines voisines et complémentaires de la science économique à savoir la sociologie, l'anthropologie, la géographie, l'histoire voire la psychologie.

En outre, au cours de ces dernières années, l'émergence de théories nouvelles, comme celles de l'économie solidaire ou de l'économie des conventions, montre que la discipline économique a évolué considérablement : il ne s'agit pas seulement d'un changement paradigmatique mais surtout une invite à une mutation des pratiques économiques et à leur ancrage dans la culture pour le salut de la planète ainsi que la sauvegarde du bien-être de l'humanité actuelle et future.

La réhabilitation de l'autre économie

Les sciences économiques, dans leur version techniciste néoclassique, prônaient une conception étriquée de l'économie dont les frontières disciplinaires étaient fondées autour du marché. Cette conception a favorisé le développement d'un capitalisme déshumanisé aux mains d'individus essentiellement motivés par le profit. Ainsi, les sciences économiques, peut-être sans le vouloir, étaient devenues des sciences capitalistes dont la principale ambition fut réduite à l'étude de la société industrielle, de son système de production et de ses modes de consommation. Quelques voix autorisées comme celle de Karl Marx se sont très tôt élevées mais rendues inaudibles par le succès du marché.

La percée récente des théories de rupture au sein des sciences économiques a permis de voir que le champ économique est plus large et plus intéressant qu'on ne le pense mais aussi elle a permis, à un autre niveau, de prendre en charge certaines questions cruciales comme celles de l'environnement, de la pauvreté et d'autres points de vue jusque-là mineurs et marginalisés dans les sciences économiques. Des domaines de la réalité sociale tels que la santé, l'éducation, les médias, étaient abandonnés aux autres disciplines des sciences humaines et sociales. C'est grâce aux succès des pensées hétérodoxes que ces aspects ont véritablement eu droit de cité au sein des sciences économiques, donnant ainsi un sens au statut pluriel de cette discipline. Soulignons que la prise de conscience de l'importance de ces nouveaux champs phares de la discipline est favorisée par les échecs des politiques de développement menées par les pays industrialisés au cours du dernier siècle et les conséquences néfastes de la dégradation avancée de la planète et d'un nombre de plus en plus grand de ses occupants vivant dans la pauvreté.

Par ailleurs, la dynamique de la machine capitaliste, dont une des fonctions inavouées et inavouables, consiste à produire des pauvretés et des pauvres, continue de renforcer les inégalités entre les territoires, les sociétés, les individus. Malgré que le monde n'ait jamais été aussi plus riche, le bilan des politiques de développement est demeuré peu reluisant au regard du résultat des efforts de la communauté internationale dans l'accomplissement des OMD. Si la création de richesses est globalement de plus en plus significative, il importe de constater qu'elles restent mal réparties entre territoires et couches sociales. Notons que les effets pervers des phénomènes de délocalisation des activités et des richesses – essentiellement dans les pays émergents – ont entraîné des conséquences néfastes sur le travail et le pouvoir d'achat. Ainsi, la précarité des classes moyennes et laborieuses occidentales apparaît comme un signe patent du niveau de dégradation généralisée des conditions de vie. Dans ce même ordre d'idées, on assiste à l'émergence d'un discours centré sur les inégalités au sein des sociétés capitalistes et à la recrudescence des contestations relatives à la précarisation des conditions de vie et de travail.

La levée de bouclier des dirigeants occidentaux contre les dérives du capitalisme conduit d'une part à soutenir la réforme des principes fondateurs de l'économie classique à travers la remise en cause de la confiance au libre fonctionnement du marché et d'autre part à indexer la responsabilisation totale des institutions économico-financières de la crise endémique qui frappe les pays développés et les économies émergentes depuis quelques années. La mise sous tutelle de l'économie et de la finance de la part des politiques est-elle la voie à suivre pour sortir de la crise ? La réponse nous paraît négative. Le retour d'une certaine manière de l'État sur les économies locales et la finance internationale marque un retour probant aux principes de l'économie dirigiste ayant déjà montré, en d'autres époques et d'autres lieux, leur limite. De même, le projet de réhabilitation de l'économie réelle tel qu'il est mené dans les pays nantis du Nord ne semble pas être une réponse structurelle à la panne de la machine productiviste mondiale du fait notamment des contradictions des politiques économiques nationales autrement dit de l'adoption par les uns et les autres de solutions inadaptées.

Et pourtant, la volonté de changer les bases de l'économie mondiale a été réaffirmée avec force par tous les pays participants à la première conférence du G20 tenue à Londres en avril 2009. Aussi étonnant qu'il soit, Marx semble se ressusciter dans presque tous les discours. Toutefois, la mise au pilori du capitalisme financier au profit du capitalisme de production ne semble pas être efficace pour refonder le système économique mondial. Cependant, les remèdes préconisés par les dirigeants des pays qui détiennent l'économie du monde ne concerneraient quasiment que le système capitaliste boursier au détriment du « solutionnement » des réels problèmes de développement. Le principal laissé-pour-compte est le Tiers-Monde qui, comme de coutume, est absent de la table des géants au pied d'argile. A cet égard, le sort des pays pauvres ne pouvait être réduit qu'à des évocations compassionnelles ne permettant de se libérer la conscience et de faire baisser les pressions des ONG tiers-mondistes du Nord. In fine, les restes du vieux plat fait de l'aide et de la dette furent servis aux pays pauvres.

Au regard des faits, on est en droit de se demander si les deux facettes du capitalisme (capitalisme de production défendu par les puissances développées et capitalisme financier mis au banc des accusés) ne font pas parties d'une même réalité. Le déni de reconnaissance des dommages du capitalisme industriel sur les économies du Sud constitue un des premiers écueils à la refondation du capitalisme mondial. La vraie question, souvent éludée, n'était-elle pas celle de la sortie du capitalisme ? La recherche d'une alternative crédible et viable au capitalisme constitue l'une des meilleures voies pour refonder l'économie.

La réhabilitation de l'autre économie, celle d'en bas, passe par la reconnaissance du pluralisme économique reflétant les diversités territoriales, sociales, culturelles, idéologiques et politiques. Autrement dit, réhabiliter l'économie revient à rendre possible l'existence d'autres formes d'expression de la réalité économique différentes de celles du capitalisme. C'est là que se trouve le socle du défi des sciences économiques et sociales. Il ne suffit pas seulement de trouver la voie menant vers l'humanisation du marché, chose faite en partie par les penseurs du courant hétérodoxe et par leurs héritiers mais surtout de l'emprunter pour offrir à l'humanité la chance de vivre autrement.

IV. Rôle et fonction des réseaux confrériques dans l'humanisation du marché

C'est dans les failles de la société technocratique de marché que s'est développée la société confrérique proposant un nouveau sens à l'action et à la vie collective. Que ce soit dans ses principes d'organisation ou dans ses finalités poursuivies, l'économie confrérique cherche à concilier les activités du marché avec les nécessités de la vie sociale.

Réconcilier l'économie et la société, un impératif politique

La notion de propriété définie par la possession d'un bien matériel ou financier par un individu ou un groupe donné détermine la configuration des rapports sociaux et définit les modes de capitalisation et de patrimonialisation autrement dit un accaparement individualisé des biens publics ou privés.

Dans le système capitaliste, les valeurs et les normes qui conditionnent les pratiques sont soumises à la logique individualiste. Ainsi, le rapport de l'individu à la production financière ou industrielle est un rapport maximaliste qui ne laisse pratiquement rien à la convivialité sociale.

Dans le système confrérique, il s'agit de réintégrer le facteur humain ou social dans les relations de travail et d'échange. L'objectif visé est la pacification de l'espace de production et l'humanisation du travailleur. Ce dernier n'est pas conçu comme un agent déshumanisé au service d'une machine à production (taylorisme, fordisme) mais comme un être humain en activité. La réhabilitation des considérations sociales, au sens large, dans le rapport de l'individu au travail permet de faire avancer la démocratie sociale aussi bien au plan des idées que sur le terrain de la pratique.

Certes la syndicalisation massive est un terreau propice à la recrudescence des mouvements sociaux qui, à mes yeux, apparaît comme néfastes à la productivité. Affirmation paradoxale me dira-t-on car en même temps, elle représente un facteur d'émancipation et d'implication de façon responsable du travailleur dans le processus de production. Aussi, en tant que contre-pouvoir, les syndicats et les réseaux sociaux de production contribuent à la définition des politiques publiques. La conduite de l'économie et celle de la société deviennent l'affaire de tous.

Les réseaux confrériques, des instruments multifonctionnels

Les confréries se définissent comme des groupes stratégiques qui s'insèrent dans des réseaux de sociabilité et d'échanges intenses. La densité du réseau confrérique ne dépend pas du nombre de ses membres en activité mais plutôt du dynamisme de leurs actions. La réciprocité fonctionnelle des différents membres du réseau atteste la compatibilité des rationalités et des logiques mises en œuvre dans les processus de création, d'échange, d'accumulation et de consommation de richesses. Cette proximité solidaire des membres donne l'image d'une entité autarcique fonctionnant comme un système sélectif de protection qui empêche le reste de la société de capter les biens et richesses qui circulent à travers les niches du marché qu'ils occupent.

Le réseau confrérique, en tant que structure relationnelle semi-fermée, offre à ses adeptes une opportunité significative d'accumulation et une capacité importante de redistribution des richesses accumulées en son sein. L'interconnectivité des réseaux ne permet pas un flux rapide des échanges car l'existence de frontières intra-muros, même symboliques ou poreuses, constitue un handicap. Certes, sans la présence de frontières, tout réseau court le risque de se diluer dans la sphère de la vie quotidienne. In fine, les réseaux confrériques gagneraient à être plus flexibles car la flexibilité d'un réseau assure à celui-ci une plus grande durabilité et une chance de croître plus rapidement.

CONCLUSION

Nous avons, dans cette contribution, tenté de comprendre la complexité et la cohérence de l'organisation et du fonctionnement de l'économie confrérique à la lumière du système global. L'une des premières leçons que nous avons tirées de cette réflexion est que la réalité économique et les pensées qui gravitent autour de celle-ci sont en profonde mutation.

En outre, la crise endémique du système capitaliste néolibérale a jeté le discrédit dans le mécanisme autogestionnaire du marché économique et financier. Une telle perte de confiance ne pouvait pas laisser indemne l'économie de marché et idem pour la science qui s'en occupe, en tant qu'objet d'étude.

Rappelons que la science économique est une science des faits et les faits sont gouvernés par les actions des individus et les mutations de l'environnement. C'est ce rapport aux faits qui impose à la discipline économique de revoir périodiquement ses outils théoriques et ses instruments méthodologiques pour mieux prendre en charge les phénomènes nouveaux ou en mutation. Le défi actuel pour la science économique est d'accompagner le processus de désinstitutionalisation du marché et les transformations des logiques et rationalités qui le sous-tendent.

La crise de l'économie de marché a favorisé l'émergence de nouvelles formes de l'économie et de la finance, profondément anticapitalistes, qui remettent en cause les pratiques des principes fondamentaux du marché tels que le profit (la finance islamique, le commerce équitable, les systèmes d'échanges locaux[109], etc.). Ces alternatives au capitalisme proposent « Un marché des biens de salut » (Raymond Lemieux, 1992) qui épouse la logique des réseaux affectifs. Ainsi, elles réaffirment leur ancrage dans l'économie réelle et leur orientation humaniste.

L'économie confrérique n'est pas un mode de pensée mais une pratique économique qui attend d'être prise en charge par une science économique décomplexée et qui cherche plus à explorer qu'à prouver. C'est cette humilité scientifique qui garantirait ses performances et son utilité permettant à ceux qui la pratiquent au quotidien d'être en phase avec leur objet et avec les attentes réelles de leur société.

[109] Les économies d'autarcie apparaissent comme des formes de protection contre les avaries du marché. L'institutionnalisation de monnaie locale dans certaines villes est une des expressions collectives visant la sortie de l'économie de marché. C'est le cas de la ville de Lewes en Angleterre qui a institué le Lewes pound.

L'économie confrérique qui nous a servi de support analytique présente une matrice duale articulée autour du local et du transcendantal. Dans l'exemple sénégalais (économie mouride), cette matrice est orientée vers d'une part la captation de la rente financière du marché international à partir des repaires locaux voire leur extension sur le territoire étranger et d'autre part la construction d'une identité collective ancrée dans le patrimoine des valeurs bâties au cours des siècles et résolument ouvertes aux apports extérieurs.

Ce syncrétisme stratégique des confréries constitue un moyen efficace pour réconcilier la société et l'économie, la culture et le marché. L'humanisation des sciences économiques et de leur objet représente un défi immense pour les élites relevant des sphères économiques, sociales, culturelles et politiques.

Toutefois, l'humanisation du marché ne saurait résulter de la confrontation aux biceps telle qu'elle est menée à travers la tyrannie de la mouvance prométhéenne anticapitaliste et anti-marché. L'argument civilisationnel du capitalisme qui se veut « système monde » (Immanuel Wallerstein, 1990) ne suffit pas pour expliquer l'émergence d'un « intégrisme » économique brandissant une justification morale de l'imposture capitaliste. Humaniser l'économie, c'est en dernier ressort redonner un sens moral à la pratique économique et un avenir à la planète.

Bibliographie

ARENDT, Hannah. *Les origines du totalitarisme*. Paris : Gallimard, 1951. 1031 p.

BOURDIEU, Pierre. *Les structures sociales de l'économie*. Paris : Le Seuil, 2000. 289 p.

BOURSIER, François. *L'économie sociale : mythes et réalités.* Lyon : Chronique sociale, 1984. 108 p.

BRAUDEL, Fernand. *La dynamique du capitalisme*. Paris : Flammarion, 1988. 128 p.

CASTELLS, Manuel. *La société en réseaux*. Paris : Fayard, 1998. 613 p.

LEBARON, Frédéric. *La croyance économique*. Paris : Le Seuil, 2000. 234 p.

LIPIETZ, Alain. *Le capital et son espace*. Paris : La Découverte, 1983. 165 p.

MARECHAL, Jean-Paul. *Humaniser l'économie*. Paris : Éditions Desclées de Brouwer, 2008. 224 p.

ORLEAN, André. *Le pouvoir de la Finance*. Paris : Éditions Odile Jacobs, 1999. 274 p.

PALLOIX, Christian. *La société post-économique : esquisse d'une alternative*. Paris : L'Harmattan, 1983. 148 p.

PETIT, Louis. *Les confréries musulmanes*. Paris : Bloud et Barral, 1899. 78 p.

POLANYI, Karl. *La grande transformation*, Paris, Gallimard, 1983, 448 p.

SAPIR, Jacques, *Les trous noirs de la Science économique*, Paris : Albin Michel, 2000. 330 p.

SCHMIDT, Christian. *La sémantique économique en question.* Paris : Calmann Levy, 1985. 253 p.

SEN, Amartya. *L'économie est une science morale*. Paris : La découverte, 1999. 126 p.

ZAOUAL, Hassan. *Du rôle des croyances dans le développement.* Paris : L'Harmattan, 2002. 630 p.

ZAOUL, Hassan. « Les économies dissidentes ». *Revue de l'économie sociale*, 2002, n ° 284. pp. 76-94.

WALLERSTEIN, Immanuel. *Le capitalisme historique.* Paris : La Découverte, 1985. 266 p.

WALLERSTEIN, Immanuel. « L'Occident, le capitalisme et le système-monde moderne » *in Sociologie et sociétés,* vol. 22, n° 1, avril 1990. pp. 15-52.

WEBER, Max. *L'éthique protestante et l'esprit du capitalisme.* Paris : Gallimard, 2003. 531 p.

Table des matières

L'HARMATTAN ITALIA
Via Degli Artisti 15; 10124 Torino

L'HARMATTAN HONGRIE
Könyvesbolt ; Kossuth L. u. 14-16
1053 Budapest

L'HARMATTAN KINSHASA
185, avenue Nyangwe
Commune de Lingwala
Kinshasa, R.D. Congo
(00243) 998697603 ou (00243) 999229662

L'HARMATTAN CONGO
67, av. E. P. Lumumba
Bât. – Congo Pharmacie (Bib. Nat.)
BP2874 Brazzaville
harmattan.congo@yahoo.fr

L'HARMATTAN GUINÉE
Almamya Rue KA 028, en face du restaurant Le Cèdre
OKB agency BP 3470 Conakry
(00224) 60 20 85 08
harmattanguinee@yahoo.fr

L'HARMATTAN CAMEROUN
BP 11486
Face à la SNI, immeuble Don Bosco
Yaoundé
(00237) 99 76 61 66
harmattancam@yahoo.fr

L'HARMATTAN CÔTE D'IVOIRE
Résidence Karl / cité des arts
Abidjan-Cocody 03 BP 1588 Abidjan 03
(00225) 05 77 87 31
etien_nda@yahoo.fr

L'HARMATTAN MAURITANIE
Espace El Kettab du livre francophone
N° 472 avenue du Palais des Congrès
BP 316 Nouakchott
(00222) 63 25 980

L'HARMATTAN SÉNÉGAL
10 VDN en face Mermoz, après le pont de Fann
BP 45034 Dakar Fann
33 825 98 58 / 33 860 9858
senharmattan@gmail.com / senlibraire@gmail.com
www.harmattansenegal.com

L'HARMATTAN BÉNIN
ISOR-BENIN
01 BP 359 COTONOU-RP
Quartier Gbèdjromèdé,
Rue Agbélenco, Lot 1247 I
Tél : 00 229 21 32 53 79
christian_dablaka123@yahoo.fr

Achevé d'imprimer par Corlet Numérique - 14110 Condé-sur-Noireau
N° d'Imprimeur : 121172 - Dépôt légal : septembre 2015 - *Imprimé en France*

www.ingramcontent.com/pod-product-compliance
Lightning Source LLC
LaVergne TN
LVHW021217061026
849535LV00008B/2787
9782296998940